PABLO ESCOBAR

IN FRAGANTI

A mi hijo Juan Emilio y a la humanidad, ante quienes me comprometo a permanecer como hombre de paz, para no dejarles un legado como el que heredé de mi padre... para que su historia no se vuelva a repetir.

A mi amada e incondicional esposa, a mi madre, a mi hermana y a mi abuela materna, y a todas las mujeres que han hecho de mí un mejor hombre.

Contenido

Presentación

Muchos me preguntan ¿para qué un segundo libro sobre mi papá? ¿Acaso no conté ya todas sus historias en *Pablo Escobar, mi padre*? Mi respuesta es cruda y simple: este nuevo libro es revelador y contiene relatos muy delicados, jamás contados, que dejan al descubierto verdades sobre numerosos hechos en los cuales él tuvo una directa participación que hasta ahora permanecía en la sombra.

La juiciosa investigación que emprendí durante seis meses por diversos rincones de Colombia para este nuevo libro en compañía de mi editor, me condujo al encuentro de una buena cantidad de personas e historias que me permitieron atrapar in fraganti a mi padre.

Este libro revela dónde estaba y con quien, el día que sus sicarios asesinaron al ministro de Justicia, Rodrigo Lara Bonilla; tampoco se conocen intimidades en relación con el grupo rebelde M-19 y su participación en el secuestro de la hermana de uno de sus mejores amigos; nada se ha dicho sobre su estrecha relación con Barry Seal, piloto de la CIA e informante de la DEA, y poco se sabía —hasta este libro— de la forma y los medios que empleó para hacerse inmensamente rico; también son impactantes el relato del jefe paramilitar que le ganó la guerra a mi padre y las reflexiones de uno de los hijos de sus mayores archienemigos. Igualmente, terminé por descubrir sus macabras alianzas con la corrupción internacional que no solamente me dejaron sorprendido sino —confieso— con temor de hacerlas públicas.

Este libro hace parte de un ejercicio muy personal, profundo y sincero que lo único que pretende es contar una historia para que nadie la repita; quiero compartir mis experiencias de vida al lado de mi padre, Pablo Escobar, y las profundas heridas por las cuales decidí no convertirme en él. También es un ejercicio que evidencia que la paz y la reconciliación no son utopías. Espero sinceramente que puedan aprender de mi historia, de mis errores y los de mi padre. Así que ofrezco estas páginas como mi contribución a la verdad y a la reparación simbólica de quienes resultaron afectados por los crímenes cometidos por Pablo Escobar.

No tengo agenda, no busco revanchas ni desquites, no quiero incomodar a las víctimas de mi padre ni amenazar a quienes todavía delinquen agazapados entre el poder. Solo quiero contar historias y contribuir de algún modo a esclarecer la verdad de una época que marcó para siempre no solo al país, sino a un continente entero.

El 2 de diciembre de 1993 a las 3:30 de la tarde amenacé a Colombia entera: "yo solo los voy a matar a esos hijueputas". Estaba lleno de dolor. Mi padre había muerto y yo era apenas un adolescente que no sabía lo que decía. Me encontré entonces frente a la más grande encrucijada de mi vida: o seguía los rastros del rencor y sangre que habían guiado a mi papá, o salía a retractarme y a comprometerme a que nunca se tendría queja de mí. Aunque vivía en medio del fuego me decidí por la paz. Y hace 23 años que cumplo ininterrumpida y cotidianamente mi promesa de bien. Hoy puedo decir que el derecho a una segunda oportunidad es una realidad que se acerca paulatinamente, porque soy depositario de una historia de la que no me siento orgulloso pero que es de carácter universal y eso me ha llevado hasta los confines del mundo para generar conciencia al respecto e invitar a no repetirla. Las historias de mi padre deben ser contadas con un serio sentido de la responsabilidad.

Yo soy arquitecto. Con la profesión aprendí a soñar, a diseñar, a reconstruir y a reinventarme como un hombre de sólidos principios. Eso quiero enseñarle a mi hijo pues aunque tuvimos que empezar a construir una vida desde las ruinas, la intención de salir adelante y de vivir era lo suficientemente poderosa como para no lograrlo. Y aquí estamos, asumiendo una obligación que la vida misma se ha encargado de imponerme como hijo, como padre y hombre que soy.

Agradezco a los enemigos de mi padre, a quienes no les guardo rencor porque solo me dejaron en los bolsillos la necesidad absoluta de ganarme la vida legalmente. Hoy soy inmensamente rico porque puedo mirar a mi hijo, jugar con él y contarle historias. Estoy vivo, soy libre y sigo rodeado de una familia amorosa que permanece unida sin importar los momentos de alegría o adversidad. Esa es mi fortuna.

¿Para qué una mansión si no hay nadie que te esté esperando? ¿Qué sentido tiene haber construido semejante imperio si al final todo quedaría destruido, incluida la familia? ¿De qué servía tener tanto dinero en una caleta si no podíamos salir a comprar ni siquiera una libra de arroz para calmar el hambre? ¿De qué servía someter al país al terror si con ello también empujaba a su familia al precipicio? Mi papá nunca lo vio de esa manera. Se acabó su vida y con ella su fortuna, pues esta nunca se usó si quiera para reparar a las víctimas.

Crecí en un hogar donde sobraba el amor. Aunque mi padre era un bandido duro e insensible, para nosotros era un papá amoroso que le cantaba a su niña y gozaba jugando conmigo. A pesar de ello se perdió los momentos de felicidad más importantes de su vida al lado de la familia que tanto protegía. Se perdió ver crecer a sus hijos, conocer a sus nietos y se perdió envejecer con mi madre.

JUAN PABLO ESCOBAR

CAPÍTULO 1

Tras el rastro de Barry Seal

"Juan Pablo, muchas gracias por permitirme enviarte un mensaje privado. Me llamo Aaron Seal y mi padre fue Barry Seal. Estoy seguro de que estás tan familiarizado con ese nombre como yo lo estoy con el de tu padre. He leído que has buscado la reconciliación con personas del pasado de tu padre y eres un gran hombre por ello. He contactado a los hombres que halaron el gatillo y mataron a mi padre, y les he dicho que los he perdonado.

"Solo quiero que sepas que hace mucho tiempo perdoné a tu padre por haber —supuestamente— pagado por el asesinato de mi padre. Me acerco humildemente para pedirte que perdones a mi padre por haber estado dispuesto a declarar en contra de tu papá y sus asociados. Mi padre solamente estaba tratando de salvar su espalda y al final él pagó el último precio. Solo quiero que sepas que no hay resentimientos de mi parte ni de mi madre. Juan, yo más que la mayoría puedo entender lo difícil que ha sido tu vida. Mi camino ha sido áspero también, pero el Señor ha sido mi roca. No me ofenderé si eliges no contestarme. Que Dios te bendiga. Aaron".

En la mañana del 25 de julio de 2016 revisaba al azar los muchos mensajes que recibo por las redes sociales hasta que llegué a uno que me llamó la atención por el apellido del firmante. Fue muy grata la sorpresa que me llevé al leer las nobles y sensatas reflexiones del joven Aaron Seal y desde luego lo primero que pensé fue en contactarlo.

Cómo no hablar con Aaron si su padre, Adler Berriman Seal, fue asesinado por orden de mi padre, en venganza porque en 1984 tomó varias fotografías en las que se ve a mi padre y a Gonzalo Rodríguez Gacha, 'el Mexicano', cuando ayudan a cargar cocaína en una avioneta en una pista de aterrizaje en Nicaragua. Esas imágenes son la única prueba existente hasta hoy que relaciona en forma directa a mi papá con el tráfico de estupefacientes.

Adler Berriman Seal, quien prefería que le dijeran Berry Seal, fue un reconocido y joven piloto estadounidense que trabajó para varias aerolíneas comerciales y tuvo la osadía de ser al mismo tiempo agente encubierto de la CIA, informante de la DEA y piloto de mi padre en los primeros años de la década de los ochenta, en la época dorada del cartel de Medellín.

A los 24 años de edad, Seal fue el piloto más joven en Estados Unidos en volar en solitario para la aerolínea estadounidense TWA. Era tan audaz que se hizo miembro activo de la Civil Air Patrol, una organización creada en 1930 por aviadores civiles que ofrecían sus habilidades para defender voluntariamente el territorio estadounidense, aún con sus propios aviones. Dicha entidad fue asignada al Departamento de Guerra bajo la jurisdicción de la Army Air Corps, los cuerpos armados aéreos del Ejército, pero en 1943 el presidente Harry Truman la incorporó de manera permanente como auxiliar de la Fuerza Aérea de Estados Unidos, U.S. Air Force.

Después de varios años como piloto comercial, Seal ayudó a la CIA con vuelos ilegales que entraron a Estados

Unidos cargados con heroína para financiar diferentes conflictos en el mundo, principalmente en operaciones anticomunistas. Pero la ambición lo llevó muy pronto a la cárcel: en 1979 fue detenido en Honduras acusado de tráfico de drogas. Permaneció nueve meses en una cárcel en Tegucigalpa donde conoció al piloto colombiano William Rodríguez, quien le propuso trabajar para el cartel de Medellín. Ya en libertad, Seal se destacó como piloto de sus propios aviones —tenía cuatro DC-10 y le gustaba llamarlos 'The Marihuana Air Force'— y de los de mi padre, y descolló por su audacia en el trasiego de aeronaves repletas de coca desde Colombia hasta el sur de La Florida. En el círculo más íntimo del cartel, Seal era conocido como 'Mackenzie'.

La cálida relación de mi padre y Seal queda confirmada con esta anécdota: un día mi papá me dijo que lo acompañara a ver el que anunció como el espectacular aterrizaje de un 'gringo loco' en la pista de la hacienda Nápoles, que solo tenía 900 de los 1.200 metros de longitud necesarios para el aterrizaje de un avión Douglas DC-3. El aparato venía repleto de animales para el zoológico de la hacienda.

Nos hicimos a un lado de la pista y de un momento a otro en el firmamento apareció un enorme aparato que se precipitó a tierra como si fuera a estrellarse y en un brusco movimiento tocó tierra y se deslizó a lo largo de la pista, que parecía insuficiente. Los frenos se veían al rojo vivo y de un momento a otro el piloto hizo un movimiento que hizo girar el avión sobre la rueda trasera evitando ir a parar a un abismo. Una vez la aeronave se detuvo en medio de una gran polvareda, un hombre gordo, abrió la puerta, bajó y se acercó sonriente a saludar a mi padre. El 'gringo loco' del espectacular aterrizaje resultó ser Barry Seal. Estoy seguro de que ese día mi padre lo apreció aún más por la audacia demostrada durante la riesgosa operación en la que además los animales resultaron ilesos.

Seal recibió una buena cantidad de dinero por semejante aventura y regresó a su casa con un regalo bastante exótico que solo podía provenir de mi padre: la cría de una guacamaya azul, originaria de Brasil, empacada en una caja de zapatos. Como ya había contado en mi anterior libro, en un viaje que hizo a Brasil en 1982, recién elegido Representante a la Cámara, mi padre sustrajo ilegalmente una hermosa guacamaya azul. Curiosamente, mi padre hizo ese viaje en un avión Lear Jet idéntico al que tenía Seal en Estados Unidos.

Por lo que me han contado de Seal, es fácil entender por qué se ganó los afectos de mi padre: porque era capaz de todo y porque de alguna manera fue precursor de varios métodos para introducir drogas y armas al corazón de Estados Unidos. Por ejemplo, diseñó un sistema mediante el cual un solo piloto lanzaba la carga al vacío, atada a un paracaídas que se abría al caer; en el alijo iba un rastreador que emitía una señal y al instante aparecía un helicóptero que descendía y enganchaba el cargamento. Luego, con una precisión milimétrica, aparecía un camión que circulaba a velocidad moderada, a la espera de que el helicóptero depositara la cocaína en la parte trasera. La misma operación se repetía con el lanzamiento de la droga en pantanos y era recogida en aerodeslizador. Y también en el mar, donde Ellie Mackenzie —de quien hablaremos más adelante— la recuperaba en un bote pesquero. A la par de estas estrategias usadas para traficar, Seal tenía un sitio preferido para llegar con los cargamentos desde la lejana Colombia: la pista de aterrizaje conocida como Summer Field Road, en Port Vincent, Estado de Louisiana.

Pero la meteórica carrera de Seal fue interrumpida por la agencia antidrogas de Estados Unidos, DEA, que en los primeros meses de 1984 lo arrestó en Miami bajo los cargos de lavado de dinero y contrabando de Quaalude o Metacualona, un poderoso sedante con capacidades hipnóticas que los jóvenes utilizaban entonces como droga recreativa. Según me cuenta Aaron, el cargamento por el cual fue detenido su padre no era de Quaalude sino azúcar. Lo cierto de esta historia es que Seal descubrió que había sido víctima de una estafa, pero cuando intentó deshacerse del alijo un amigo le dijo que él vendería las pastillas en algunas discotecas de Miami. Al final fue procesado por conspiración. Ante la posibilidad de pasar varios años en la cárcel, Seal no tuvo otra opción que firmar un acuerdo con la justicia para delatar a sus socios colombianos.

La colaboración de Seal con la DEA inició con un primer episodio que solo se sabe ahora: se le ocurrió proponerles a los capos del cartel de Medellín que los ocultaría en su casa de Baton Rouge, Luisiana, con el argumento de que estarían más seguros en territorio estadounidense que fuera de él. La audaz iniciativa incluía el vuelo en su propio avión. La propuesta fue planteada por Seal en una cumbre mafiosa en Ciudad de Panamá y al comienzo tenía tanta lógica que varios de ellos llegaron a considerarla seriamente. No obstante, la esposa de uno de los capos, cuyo nombre no estoy autorizado a mencionar, intuyó que Seal les estaba tendiendo una trampa. Ella tenía razón y tiempo después se sabría que en realidad Seal pretendía llevar a todo el cartel en un solo vuelo y entregar a los capos para cumplir su parte en el pacto con la DEA. La verdad es que 'Mackenzie' nunca le cayó del todo bien a ella y sus dudas sobre él terminarían por sepultar la idea de que los capos se escondieran en Estados Unidos.

El foco de los agentes secretos estadounidenses se concentró entonces en mi padre y 'el Mexicano', quienes fueron rastreados en Nicaragua cuando se reunían con enlaces del régimen sandinista para organizar el envío de cocaína desde suelo nicaragüense hacia las costas del sur de La Florida.

Fue así como los norteamericanos montaron una temeraria operación en la que Seal pilotaría un avión con una potente cámara fotográfica oculta en el fuselaje. La idea era probar los nexos del régimen sandinista de Nicaragua con la mafia colombiana.

La historia de esta compleja trama es así: los agentes secretos y Seal concluyeron que la manera más creíble de realizar el montaje era venderle un avión militar a mi padre, pero se encontraron con un obstáculo porque ese tipo de aeronave no tenía catálogo y por lo tanto no era posible comercializarlo. Entonces optaron por tomarle fotografías y publicar un aviso clasificado en una revista especializada de aviación. Mi padre se tragó el anzuelo y cuando se reunió con Seal y este le mostró la publicación, mi padre le dijo que lo comprara porque ese era el tipo de avión que necesitaban para traficar desde Nicaragua.

Una vez recibió un potente turbo hélice C-123, Seal lo bautizó 'The fat lady' —la señora gorda—, pero debió reparar la rampa de acceso porque no bajaba bien. Luego, un técnico enviado por la CIA instaló la cámara dentro de un cajón en la parte superior derecha de la entrada trasera del avión, pero tenía el grave inconveniente de que el control remoto era muy rudimentario y la obturación del botón para tomar las fotos producía un clic muy ruidoso. Por tanto, la única manera para que mi padre y quienes estarían con él no descubrieran la maniobra, era manteniendo encendidos los motores de la aeronave.

Así, en la noche del 25 de mayo de 1984, Seal aterrizó y le ordenó a su copiloto acelerar a fondo mientras él buscaba el momento adecuado para tomar las fotografías. Molesto por el ruido, mi padre le pidió a Seal que apagara los motores, pero este respondió que no podía hacerlo porque se habían producido algunas fallas técnicas que hacían riesgosa la salida. Mi padre entendió la explicación.

Finalmente, Barry Seal tomó a escondidas las reveladoras imágenes que captaron el instante preciso en que mi padre, 'el Mexicano' y Federico Vaughan, un funcionario de alto nivel del Ministerio del Interior de Nicaragua, colaboraban con varios soldados nicaragüenses para subir cuatro tulas que contenían seiscientos kilos de cocaína. Era el primer cargamento que enviaban desde la pista de aterrizaje del pequeño aeropuerto de Los Brasiles, situado no lejos de Managua, la capital nicaragüense. Seal aterrizó esa misma noche en el aeropuerto de la base aérea de Homestead, en el extremo sur de La Florida.

En aquel momento mi padre y 'el Mexicano' eran prófugos de la justicia de Colombia, donde los buscaban para responder por el asesinato del ministro de Justicia Rodrigo Lara Bonilla, ocurrido el 30 de abril de 1984.

La secuencia fotográfica en la que aparecen mi padre y 'el Mexicano' fue publicada a mediados de julio siguiente en varios periódicos de Estados Unidos. El documento gráfico era incontrovertible, pues habían encontrado a mi padre con las manos en la masa. Barry Seal lo había traicionado y ello le costaría la vida.

La filtración de las fotografías a los medios de comunicación hizo un doble daño: puso en evidencia a mi padre y al 'Mexicano', y señaló al régimen sandinista de estar aliado con la poderosa mafia colombiana. Tras el escándalo, la permanencia de mi papá y de su socio se hizo insostenible en Nicaragua y dos semanas después regresaron a Colombia.

En la investigación que realicé para escribir este capítulo supe que mi padre se propuso acabar cuanto antes con la vida de Seal y para ello llamó a varios de sus contactos en Estados Unidos.

El primero en recibir el encargo de eliminar a Seal fue Max Mermelstein, un ingeniero mecánico oriundo de Brooklyn, Nueva York, que también trabajaba para el cartel y tenía en su haber una bien ganada reputación porque a lo largo de varios años introdujo 56 toneladas de cocaína a Estados Unidos, que representaron ganancias cercanas a los 300 millones de dólares. Mermelstein había ingresado a la organización de mi padre a finales de los años setenta, de la mano de Rafael Cardona, alias 'Rafico', un hombre de su confianza en Estados Unidos.

Sin embargo, en la mañana del 5 de junio de 1985, justo cuando avanzaba en la organización del complot contra Seal según las instrucciones de mi padre, Mermelstein fue arrestado mientras conducía su lujoso automóvil Jaguar.

Al principio estaba tranquilo, pues pensaba que en cuestión de días el cartel de Medellín se ocuparía de su fianza y del cuidado de su familia, como estaba pactado desde finales de la década del setenta, cuando entró a trabajar para la organización de mi padre. Pero no fue así. 'Rafico' cometió el error de no pagar la fianza de US$ 550.000 fijada por el juez, y por el contrario, optó por amenazarlo para evitar que declarara contra él y sus socios.

Por la cabeza de Mermelstein no había pasado la idea de convertirse en testigo en contra de mi padre y sus socios porque en su proceso solo aparecía el hallazgo de US$ 250.000 debajo de una cama en el allanamiento a su casa, un delito aparentemente sencillo de explicar. Pero ante el comportamiento de 'Rafico', Mermelstein temió por su vida y la de su familia y no tuvo opción que convertirse en uno de los informantes más valiosos y costosos en la historia de Estados Unidos. Tanto, que la Oficina de Protección de Testigos del Departamento de Justicia ofreció proteger a 31 miembros de su familia, 16 de los cuales la aceptaron.

Una vez fue llevado a la Corte, Mermelstein reveló la existencia del complot para ejecutar a Seal y aclaró que había retardado el plan de manera deliberada porque según las órdenes de mi padre debía ser asesinado por una o varias personas, pero estadounidenses, pues no quería relación alguna entre el crimen y el cartel de Medellín en caso de que los sicarios fuesen atrapados.

En su libro *The man who made it snow* (*El hombre que hizo llover coca*), publicado en abril de 1990, Mermelstein escribió que nunca quiso matar a Seal porque a él le gustaba el negocio de traficar, no el de matar. Y agregó que sabía que si no cumplía con tan delicada misión pagaría con su vida.

Mermelstein reveló que en el propósito de asesinar a Seal contactó a un hombre llamado Jon Pernell Roberts, quien en el pasado había alardeado de sus nexos con la mafia local estadounidense. Sin duda, dijo, era el hombre indicado para el 'trabajo'. A su vez, Pernell reunió a Mermelstein con Reed Barton —dos viejos conocidos, porque el uno le alquilaba vehículos al otro para transportar la cocaína— y en un par de ocasiones viajaron juntos a Baton Rouge, a realizar tareas de inteligencia y vigilancia en los sitios más frecuentados por Seal, pero no lo encontraron. El intento había sido fallido.

Para apresurar el plan criminal contra Seal, mi padre envió a reunirse con Mermelstein a un piloto conocido con el alias de 'Cano', quien había realizado con Seal varios viajes de narcotráfico en territorio colombiano. 'Cano' conocía bien el lugar donde vivía Seal, así como sus rutinas, su restaurante preferido, y hasta su sitio de trabajo. La información aportada por 'Cano' quedó escrita en papelitos pequeños que fueron a parar a la billetera de Mermelstein, quien entró en pánico porque con seguridad sería acusado si Seal caía asesinado.

La posibilidad de aparecer como responsable de un crimen que no había cometido atormentó a tal punto a Mermelstein que desde la prisión en Estados Unidos se arriesgó a llamar a 'Rafico' a Medellín. "Dejen en paz a Barry Seal", gritó, pero recibió como respuesta que la orden ya había sido dada por mi padre y no habría marcha atrás. Tras la accidentada charla con 'Rafico', Mermelstein también se sintió hombre muerto, pues el individuo con quien acababa de hablar por teléfono lo había tratado con una preocupante mezcla de displicencia y desprecio, pese a que lo consideraba su amigo y juntos habían producido mucho dinero para el cartel de mi padre.

Por esa razón y más asustado que nunca, Mermelstein[1] llamó a su abogado y le dio una única instrucción: "Haz el mejor trato posible para mí". Sin embargo, su defensor insistió en esperar un poco porque los cargos contra su cliente eran débiles, aunque se notaba el interés de las autoridades para evitar su liberación, al punto que de un momento a otro un juez de Los Ángeles elevó la fianza de US$550.000 a US$2 millones.

Entre tanto y en vista de que la tarea encomendada a Max Mermelstein había fracasado con su detención, mi padre decidió mantener la oferta por la cabeza de Seal: un millón de dólares a quien lo llevara vivo a Medellín, o medio millón a quien lo asesinara. A él solo le importaba que Seal muriera y para lograrlo le encomendó la misión a 'Cuchilla', quien también usaba el alias de 'Pasarela' y cuyo nombre real era Guillermo Zuluaga, un delincuente oriundo del municipio de La Estrella y socio fundador del Envigado Fútbol Club.

Para ejecutar el homicidio de Seal, 'Cuchilla' contrató los servicios de Luis Carlos Quintero Cruz, Bernardo Antonio Vásquez y Miguel Vélez, alias 'Cumbamba'. Los dos

---

1 De la existencia de Max Mermelstien supe un día que vi a mi padre con cara de preocupación junto a Fidel Castaño, Francisco 'Kiko' Moncada y Fernando Galeano. Cada uno tenía un ejemplar del libro *El hombre que hizo llover coca,* con numerosas anotaciones y separadores entre sus páginas. Estábamos escondidos en una caleta conocida como La Isla, en el embalse de El Peñol, Antioquia. Ya en ese momento el cartel había sufrido su primera gran baja: Gonzalo Rodríguez, 'el Mexicano', quien fue abatido por la Policía el 15 de diciembre de 1989.

primeros entraron ilegalmente a Estados Unidos a través de la frontera con México. 'Cumbamba' ya vivía en Miami y era trabajador de la narcotraficante Griselda Blanco y de su marido, Darío Sepúlveda.

Finalmente, Barry Seal fue asesinado a las seis de la tarde del 19 de febrero de 1986 por los hombres enviados por mi padre, quienes lo localizaron en el estacionamiento de una sede del Ejército de Salvación cuando se disponía a parquear su Cadillac blanco modelo 1979. Luis Carlos Quintero disparó una ráfaga de la ametralladora Ingram Mac-10 calibre 45 con silenciador; cuatro tiros alcanzaron el cuerpo de Seal, quien ocupaba el asiento del conductor. Murió de inmediato. Una Biblia, que él mantenía en el tablero del vehículo, quedó manchada de sangre.

Pero el crimen no habría de quedar impune porque las autoridades de Luisiana desplegaron una enorme redada y lograron capturar a los autores materiales. A dos de ellos el FBI los detuvo en el aeropuerto de la ciudad y al tercero, que había contratado un taxi para que lo llevara hasta La Florida en la idea de llegar al aeropuerto de Miami para huir a Colombia, lo alcanzó la mala suerte: el vehículo mató un venado que se atravesó en la vía y el conductor tuvo que llamar a las autoridades encargadas de proteger la fauna, pero como ya había sido dada la alerta de búsqueda de un hombre con rasgos hispanos, el sospechoso fue identificado casi de inmediato.

Respecto de los homicidas enviados por mi padre, el 20 de septiembre de 2015 y con motivo del rodaje en Medellín de 'Mena' —una superproducción cinematográfica protagonizada por el famoso actor Tom Cruise—, en la que se relata la vida y obra de Seal, el diario *El Tiempo* publicó:

"El 13 de mayo de 1986, un jurado de Luisiana salvó a los tres sicarios de morir en una silla eléctrica como lo pedía el fiscal, pero los condenaron a cadena perpetua. Vélez murió a los 66 años en la penitenciaría de Angola, Luisiana. Quintero Cruz y Vásquez permanecerán en el centro correccional David Wade hasta que mueran".

Max Mermelstein fue uno de los testigos principales del juicio contra los tres acusados y su declaración fue contundente porque aseguró que la ametralladora Ingram con la que asesinaron a Seal había sido ensayada en su casa tiempo atrás. Los peritos forenses encontraron algunos orificios en la pared, que coincidían con las pruebas de balística realizadas en el arma.

El 25 de mayo de 2015, próximos a cumplirse 30 años del homicidio, en una entrevista al diario *Daily Mail* de Inglaterra, Debbie, la viuda de Seal, recordó lo sucedido el día que un amigo la llamó para informarle de la muerte de su esposo: "Subí a mis hijos y empecé a manejar hacia allá... me quedé atorada en el tráfico, así que paré en un teléfono pago y les dije: 'No sé a qué hospital ir'. Así que ellos me dijeron: 'Debbie, solo ve a casa, él no va a ir a un hospital'. Les dije a mis hijos que su padre estaba muerto. Los llevé a casa. Luego fui a la cocina y solo lloré".

En varias ocasiones la viuda de Seal ha expresado en público que aunque mi padre y 'el Mexicano' querían ver muerto a su marido, también es cierto que él conocía muchos pecados de la CIA y de algunos políticos respecto de las actividades de narcotráfico permitidas para financiar las operaciones de la 'Contra' nicaragüense; Seal también conocía secretos del escándalo 'Irán-Contra', que involucró al coronel Oliver North en la compra ilegal de armas a

Irán para promover la lucha anticomunista en Nicaragua. Curiosamente, el FBI encontró en el cuerpo de Seal el número de teléfono directo del entonces vicepresidente de Estados Unidos, George Bush, encargado de la guerra contra las drogas durante la administración del presidente Ronald Reagan, lo que confirma el altísimo nivel en el que se movía.

Sorprende la ingenuidad de las autoridades estadounidenses de entonces para cuidar a Seal porque ya era conocida la peligrosidad de mi padre, toda vez que en Colombia había sido asesinado el ministro de Justicia Rodrigo Lara Bonilla y ya se sabía que él había sido el autor intelectual. Con semejantes antecedentes, pareciera claro que a muchos les convenía que Seal anduviera solo para convertirlo en presa fácil, ya que no solamente el cartel de Medellín saldría beneficiado con su muerte. Los movimientos del agente encubierto de la CIA e informante de la DEA estaban claramente delimitados por el juez Frank Polazola, quien le ordenó permanecer todos los días de seis de la tarde a las seis de la mañana en la sede del Ejército de Salvación, donde finalmente habría de encontrar la muerte. Pese al peligro inminente que lo rodeaba, el juez no solo le prohibió a Seal contratar escoltas pagos por él, sino que le advirtió que lo enviaría a la cárcel si era sorprendido con algún tipo de arma.

En el epitafio de la tumba de Adler Barriman Seal aparece escrito el siguiente texto, elegido por él para que su esposa lo hiciera esculpir el día que le llegara la muerte: "Un aventurero rebelde de la talla de los que en días anteriores hicieron grande América".

A Barry Seal lo asesinaron cinco días antes de mi noveno cumpleaños. Por eso ahora, tres décadas después del terrible hecho, resultaba más que trascendental mi encuentro con su hijo, Aaron, a quien respondí el inesperado mensaje que me envió.

"Hola, Aaron:

Me sorprendí mucho con tus cálidas palabras y mensaje. Yo sé que estás hablando con el corazón, puedo sentirlo y quiero que sepas que no me siento orgulloso en absoluto de los crímenes cometidos por mi padre. Siento muchísimo por tu pérdida y por todo tu sufrimiento. Y también te pido perdón en nombre de mi padre. Estoy haciendo lo mejor para informar e inspirar a los jóvenes cuando les hablo y les cuento que mi padre con su vida lo único que nos mostró fue el camino que no debemos recorrer.

Realmente, me gustaría conocerte mejor. Yo creo que la paz no es un sueño imposible y que juntos podemos tener mucho para compartir, mucho por aprender el uno del otro y también de nuestros padres. Quisiera conocerte en persona. ¿Crees que eso es una posibilidad?

No puedo viajar a los EE.UU. porque no tengo visa, pero sí a cualquier país del mundo, si tú quieres. Sebastián".

Aaron y yo cruzamos un par de mensajes y acordamos realizar una videoconferencia y filmarla porque consideramos que en el futuro nuestra charla podría tener un efecto tremendamente positivo. Este es el diálogo que sostuvimos y que luego fue traducido del inglés:

Aaron Seal: Hola.

Juan Pablo Escobar: Hola, Aaron, ¿cómo estás? Para mí es muy importante que hablemos, que nos hayamos contactado.

A.S.: También es muy importante para mí.

J.P.E.: ¿Cuántos años tienes?

A.S.: Yo creo que tengo unos meses más que tú. Nací en octubre de 1976, y creo que tú en febrero de 1977.

J.P.E.: Y cuéntame, ¿tuviste la oportunidad de conocer bien a tu padre? ¿Tuviste tiempo de compartir con él en el pasado?

A.S.: Cuando a él lo mataron yo tenía nueve años. No tuve mucho tiempo de compartir, pero estuvo bien hasta cuando duró.

J.P.E.: ¿Y tuviste una buena relación con él?

A.S.: Sí, antes de que lo mataran, sí. Él era un buen hombre, era bueno con su familia. Tengo un hermano 15 meses mayor que yo y una hermana tres años menor. Y aparte tengo dos hermanos medios del pasado matrimonio de mi padre, que están cercanos a los 45 años. Nunca tuve relación con mi hermana media. Y la otra relación con mi otro medio hermano es agria.

J.P.E.: Yo tengo una hermana menor. Tiene 32 años. Ella y mi madre están bien, gracias a Dios. Bueno, tú sabes lo que es una guerra y sus consecuencias. Es realmente un milagro que estemos todos con vida.

A.S.: Sí, amén.

J.P.E.: Sí, la guerra fue muy dura y no queremos que se repita. No queremos seguir los pasos de mi padre.

A.S.: Yo seguí los pasos del mío por muchos años. Bueno, no tan lejos como él fue, pero seguí sus pasos en muchos sentidos. Me metí en el tráfico de drogas. Solía ir hasta México a traer drogas de vuelta, drogas de prescripción médica, por ejemplo. Después entré en el abuso de drogas de una manera muy fuerte y luché contra eso durante muchos años. Y el Señor me rescató. Ahora soy un ministro y estoy casado hace cuatro años y medio. Finalmente encontré una mujer que me aguantó.

J.P.E.: Yo he estado casado hace 13 años, pero estamos viviendo juntos hace ya 24. Tengo un hijo, Juan Emilio, de tres años y medio. Esperamos mucho tiempo para tener hijos porque sentíamos una responsabilidad muy grande. Cuando pensamos acerca de su futuro y cuando queríamos tener hijos, el futuro no estaba tan claro. Finalmente, Dios nos dio este gran regalo que es este niño tan noble, saludable e inteligente. Aaron, ¿cómo está tu madre?

A.S.: Si te dijera que está bien te estaría mintiendo. Ella está viva, está bien, pero emocionalmente se desmorona a veces. Ella no ha podido superar el pasado, y no solamente en lo que respecta a mi padre y a su muerte, sino también en la vida que vivió con él. Ella nunca superó eso, para ser honesto contigo.

J.P.E.: Te pido que le hagas saber a ella que en nombre de mi familia le ofrezco perdón por la muerte de su esposo.

A.S.: Ella no guarda ningún odio contra nadie, solo que no ha podido superar el dolor con el que tiene que lidiar. No solo es con la muerte de mi padre, sino con todo lo relacionado con él por lo agobiada que se sentía por esa vida, la policía detrás, en fin. Ella realmente nunca lo ha podido superar. No sé si tuve la oportunidad de comentarte que mi madre y yo nos pudimos contactar con dos de las personas que le dispararon a mi padre y les dijimos que no teníamos resentimiento contra ellos, que no fue su culpa, pues mi padre tomó sus propias decisiones en la vida. Cuando yo le hablo a la gente de esto, las personas me preguntan cómo puedo perdonar a los que le dispararon a mi padre. Yo les digo: 'mire, esos hombres que realmente le dispararon a mi padre no lo mataron, puesto que de mil maneras el pecado también mató a mi padre, como la codicia, por ejemplo'. Así que hacemos exclusivamente responsable a mi padre por las decisiones que tomó para su vida. Lo amamos y lo extrañamos, pero hablo por mí y por mi madre, y así es como nos sentimos al respecto. No puedo hablar así por nadie más.

J.P.E.: No puedo encontrar la palabra correcta en inglés, pero creo que has encontrado la paz a través de esta manera de pensar.

A.S.: Sí. Cuando oficio de ministro y las personas me dicen que no quieren perdonar a alguien, les respondo que de esa manera no están hiriendo a la persona que los dañó a ellos, pues solamente se están haciendo daño a sí mismos. Les digo: tú crees que les estás haciendo algo a ellos, pero solamente te estás hiriendo a ti mismo.

J.P.E.: Estoy absolutamente de acuerdo contigo. Quería saber si hay alguna posibilidad de que te envíe una copia del libro que publiqué acerca de mi papá, titulado *Pablo Escobar, mi padre*.

A.S.: Claro, justamente fue a través de ese libro que te encontré.

J.P.E.: Yo escribí ese libro con muchas lágrimas, pero sin odiar a nadie. Mi compromiso es con la verdad, con lo que pasó, con escribir acerca de las lecciones de vida de mi padre, y que por supuesto no seguí. No escribí ese libro con la intención de justificar ninguno de sus actos violentos. Si intentamos esconder lo que sabemos y tratamos de evadir nuestro pasado, no tendremos nada que aprender como sociedad. Estamos viendo hoy muchas series de televisión acerca de la vida de mi padre, y eso está generando un cambio en la sociedad actualmente. Los jóvenes están ahora soñando con convertirse en narcotraficantes porque solamente pueden ver la parte que les están mostrando; ellos creen que todo eso es una gran fiesta, pero esa no es la verdad, eso no es lo que vivimos ni sentimos. Lo que está pasando es que a mi padre lo están convirtiendo ahora en una especie de súper héroe del mundo subterráneo.

A.S.: Así es. No sé si estás enterado de que se está haciendo una segunda película sobre mi padre, que se va a llamar *Mena*. La gente de la producción me dijo que una de tus tías paternas les pidió que le enviaran un mensaje a mi madre.

J.P.E.: Mira, yo no tengo ninguna relación con la familia de mi padre. Es algo que podrás entender mejor en mi primer libro. Yo descubrí una traición familiar a mi padre solamente después de su muerte. Tú esperas una traición de cualquiera por fuera de tu vida y de tu familia, pero nunca al interior de esta.

A.S.: He vivido cosas similares porque mucha gente que se encargaba de cuidar a mi padre financieramente, incluidos miembros de la familia, al segundo en el que cayó muerto mi papá todo el mundo fue detrás de las sobras y nosotros fuimos abandonados. Éramos solo mi madre y nosotros sus pequeños hijos, nadie venía a devolvernos lo que nos debían, sino que se llevaban todo, hasta que no quedó nada. Así que entiendo lo que me estás diciendo, pues incluso mi media hermana me demandó porque nosotros le vendimos una asesoría a la película, ya que mi padre es una figura pública y ellos solo querían conocer otras intimidades de él, por ejemplo, cómo era en la vida familiar. Así que por el hecho de que nosotros cobramos algo por esa asesoría dentro de la historia de mi padre fue que ella nos demandó. La última vez que vi a mi media hermana fue en el funeral de mi padre. Ella quiere parte del dinero que nosotros cobramos. Así que fíjate que estamos a treinta años de la muerte de mi padre y todavía tengo problemas con los miembros de mi familia. Cuando estábamos juntos supuestamente había mucho amor entre nosotros, pero cuando murió mi padre nada sobrevivió.

J.P.E.: Por otra parte, ¿quería preguntarte si sabías que en el cartel de Medellín tu padre era conocido como 'Mackenzie'?

A.S.: Sí, claro. Ese alias provenía de Ellie Mackenzie, un hombre afroamericano, capitán de un navío camaronero, que mi padre utilizaba para sus operaciones en Estados Unidos. Él se encargaba de recoger los cargamentos que mi padre lanzaba desde el aire al mar. Mi padre era buen amigo de Mackenzie y un día le pidió el favor de que le dejara usar su nombre en un documento que presentaría para ingresar a un trabajo. Mi padre puso su fotografía y así entró a trabajar al cartel de Medellín. Mackenzie tuvo un final atroz: poco tiempo después de la muerte de mi padre, su cuerpo fue encontrado con visibles signos de tortura.

J.P.E.: En la investigación que he realizado para este capítulo queda claro que tu padre era muy audaz y por eso tuvo una gran relación con el mío.

A.S.: No era audaz; era demasiado audaz. Existe un video del día que mi padre hizo la primera prueba de lanzamiento y rastreo desde un helicóptero de un alijo de droga, en el que se observa cuando varias patrullas de Policía cierran algunas calles en una ciudad. Mi padre engañó a los policías y les pidió acordonar la zona para evitar un accidente con la carga que llevaba, pues se trataba de una nueva técnica para ayudarles a los agricultores a recibir abono y otros insumos. En el video se escucha la voz de mi padre cuando dice '¡van cayendo los primeros trescientos kilogramos de coca!', mientras se observa a los patrulleros cuidando el área.

J.P.E.: Muy impresionante, Aaron. Cambiando de tema de nuevo, ¿cuál es tu opinión acerca de la guerra contra las drogas?

A.S.: En aquella época mi padre me decía que me mantuviera alejado de ellas porque todas eran absolutamente malas. Cuando empecé con las drogas lo hice con marihuana, y aún hoy pienso que fumarla no está mal, pero yo luego fui más profundo y por muchos años me inyecté heroína y morfina. Fui hasta el fondo y casi muero en varias oportunidades. En mis primeros días como ministro me convertí en antidrogas esto y antidrogas aquello. Hoy sigo siendo antidrogas mientras las drogas puedan destruir la vida de una persona. Pero la forma como el gobierno las ha regulado es equivocada. Creo que todas las drogas deben ser legales, deben de pagar impuestos. Y creo que esa es la única manera para prevenir que el pasado no nos suceda de nuevo. A través de la Iglesia estoy conectado con otros ministros en Europa y vemos por ejemplo el caso de Holanda. Creo que hoy todo debe de ser legal, especialmente la marihuana, ya que en Estados Unidos prácticamente es legal. Pero es que la marihuana es más segura que el Tylenol. Yo sé que no está bien usar las drogas duras pero tampoco está bien la manera como el gobierno aborda el problema. Que se metan ellos en sus propios negocios. Si yo soy un adulto responsable y quiero meterme heroína, pues ese es mi problema y ellos no tienen el derecho a prohibirme hacer eso. Ninguna agencia de gobierno tiene derecho a decirme lo que yo puedo hacer conmigo mismo, porque creo que es un derecho que Dios nos ha dado y si lo usamos es nuestra decisión.

J.P.E.: Es un tema muy difícil de tratar porque la vida de muchas personas está involucrada; hay mucho dinero en juego y es un gran negocio prohibir, porque si las drogas en los ochenta hubieran estado legalizadas para cuando nuestros padres vivían, muy probablemente ellos nunca se hubieran conocido.

A.S.: Sí, porque sé que mi padre se metió en el negocio por el dinero. Y asumo que tu padre entró también en él por la plata. Así es que si no hubiese habido dinero allí, ellos no estarían ahí.

J.P.E.: Eso es verdad. Y es gracias a la prohibición que tenemos este tipo de violencia. Yo creo que como sociedad tenemos que encontrar otra vía para atender este tipo de asuntos. Yo tuve en mi familia a un tío materno que murió muy joven y probó prácticamente todas las drogas disponibles, a excepción de la heroína. Tenía 11 años cuando empezó a consumir marihuana y lo llevamos a todo tipo de tratamientos y salió rehabilitado de todos los centros de rehabilitación donde estuvo, pero luego de intentarlo tantas veces se dio por vencido y nunca lo pudo lograr. Cada vez que salía a la calle consumía. La gran paradoja de su historia es que la única droga que realmente lo mató era legal: el cigarrillo. Él trató de matarse toda su vida con las drogas ilegales, pero finalmente fue esta droga legal la que acabó con su vida. Así que estamos muy conscientes acerca del drama familiar que se puede vivir cuando alguien está envuelto en el consumo de drogas.

A.S.: Créeme, sé lo que es eso.

J.P.E.: Las drogas no discriminan. Están disponibles para todos y nadie está realmente seguro. Te cuento que cuando tenía ocho años mi padre me invitó a hablar acerca de las drogas en la hacienda Nápoles. Él me mostró todas las drogas disponibles en el mercado hasta entonces. Eran cerca de diez en total, entre ellas cocaína, marihuana, crack y LSD. Él reconoció que había probado la mayoría pero me dijo que nunca consumió heroína. Luego agregó: 'Cuando tengas deseo de probar alguna, prefiero que la probemos juntos. Porque valiente es aquel que nunca la prueba'. Así, Aaron, que esa frase tiene un gran valor para mí porque viniendo de un hombre que vendía drogas, pues me ayudó a que se me quitara la curiosidad.

A.S.: Y a mí también me resulta así, porque venimos desde dos ángulos muy diferentes. Por ejemplo, desde el lado de mi padre cuando la vendía o desde mi lado cuando la consumía.

J.P.E.: Así que tenemos que buscar la manera de compartir y convivir esta vida con esa realidad. Esta guerra no la va a ganar el que tenga las armas más grandes. Esa no es la manera de terminar esto, sino de empeorarlo.

A.S.: Sí. En vez de la guerra contra las drogas necesitamos la paz con las drogas.

A estas alturas ya habían transcurrido unos 30 minutos de conversación y no pudimos contener la risa después de este último comentario.

A.S.: Quizá así es como debamos llamar nuestro *tour* mundial cuando vayamos a hablar de lo que aprendimos: la paz con las drogas. Creo que no es apropiado que mi Gobierno haya hablado de una guerra contra las drogas porque ellos crean una guerra para todo. Y toda guerra que crean siempre empeora 30 años después. Por ejemplo, hablaron de la guerra contra la pobreza en los sesenta y los setenta, y ahora tenemos más gente pobre que antes. Sobre la guerra contra las drogas, ahora ellas son peores y hay más. Las escrituras dicen que un día el león se recostará al lado del cordero. Y esa es una imagen profética para hacer la paz en la tierra.

Mi madre no quiso seguir viviendo en Baton Rouge porque le molestaba que la gente le preguntara todo el tiempo por mi padre. Pero mi esposa y yo sí seguimos viviendo allí. Antes de eso yo estaba viviendo con mi abuela porque estaba muy metido en las drogas, así que ella hizo que yo tuviera siempre un techo sobre mi cabeza. Ella falleció recientemente. Ah, tuve la grata oportunidad de ver tu documental *Pecados de mi padre*.

J.P.E.: Fue una gran experiencia porque además de reencontrarme con las víctimas de mi padre pude regresar a Colombia 14 años después. Te cuento que en ese documental aparece Rodrigo, uno de los tres hijos del ministro de Justicia, Rodrigo Lara Bonilla, asesinado por órdenes de mi padre en 1984. Sin embargo, he podido continuar adelante en una amistad con Jorge, el menor de ellos, con lo cual el proceso de reconciliación no terminó con el documental, sino que siguió adelante hacia otras latitudes y familias en busca de la reconciliación y el perdón.

A.S.: Sí, claro. Y si quieres atraer más la atención de los medios deberíamos conseguir una visa para que me acompañes en la alfombra roja el día de la premier de la película *Mena*, para que cuando nos vean juntos nos pregunten qué estamos haciendo ahí y les digamos que estamos juntos por la prevención del consumo de drogas y en contra de la glorificación del narcotráfico.

J.P.E.: Al respecto, quiero compartirte algunas historias sobre mi visa. En el pasado la tuve durante 15 años, pero la cancelaron en 1993 por la persecución contra mi padre cuando él aún estaba vivo. En el año 2010 fuimos invitados a presentar el documental *Pecados de mi padre* en el Sundance Film Festival en Estados Unidos y me acerqué a la embajada estadounidense en Buenos Aires a pedir de nuevo la visa. Presenté cartas de invitación firmadas por el mismísimo actor Robert Redford como director del Festival, también por HBO, Discovery Channel, y el Council de las Américas, entre otros más. La sorpresa fue grata porque una semana después enviaron la visa a mi apartamento con vigencia de cinco años. Yo estaba muy contento, hasta que unos días después me llamaron para decirme que había un error[2].

2 El día que recibí mi visa llamé a mi madre para compartirle la buena nueva y me dijo: "Ah, entonces si a usted se la dieron, de pronto me dan la mía y la de su hermanita".

Mi madre pidió turno para ella y en contra de la voluntad de mi hermana pidió otro adicional para que les tocara ir juntas a solicitar la visa en la embajada. Muy a pesar de mi incredulidad frente a lo que pretendía hacer mi madre, logré que desde Estados Unidos le enviaran cartas de invitación similares a las mías para adjuntarlas como soporte documental. La presencia de mi madre y mi hermana en la embajada terminó por prender las alarmas sobre la obtención de mi visa, lo que finalmente produjo su cancelación: "Cancelled without prejudice" (cancelada sin perjuicio).

Obviamente, el error tenía que ver con mi parentesco con Pablo Escobar. Ellos no sabían a quién le estaban dando la visa a pesar de que les contesté siempre con la verdad al llenar los formularios y dejé constancia de mi identidad original.

Una vez me notificaron la cancelación me dijeron que tenía derecho a apelar, para lo cual fui citado a un par de reuniones con la DEA, la cónsul de Estados Unidos, y un representante del Departamento de Estado. El funcionario de la DEA explicó que me investigaron durante años y estaba seguro de que yo no me había dedicado a traficar y por eso certificaba que yo no significaba ningún peligro para los Estados Unidos y por lo tanto no se oponía a que ingresara a su territorio. Pero el mundo es muy pequeño y por algunas fuentes me enteré de que la persona que al parecer se ha opuesto a que me den visa es Javier Peña, un antiguo agente de la DEA en Colombia. Aaron, retomando el tema inicial de nuestra charla, ¿cómo fue que pudiste contactar a las personas que mataron a tu padre?

A.S.: Tengo un amigo desde que tenía 20 años, que mató a un hombre con un cuchillo y llegó a la prisión llamada Angola, donde Miguel Vélez, alias 'Cumbamba', está encerrado. Hace unos años encontré un reporte donde se decía que él estaba en la unidad de enfermos terminales de cáncer; entonces conseguí su correo electrónico para poder escribirle, más aún al saber que estaba muriendo. Le escribí y le dije que mi madre y yo no teníamos resentimientos en contra de él. Él empezó a responderme y así comenzamos a hablar, pero cuando la prisión se enteró cortaron la

---

"Señora, ¿a usted cómo se le ocurre venir a pedir una visa?", sentenció una oficial uniformada de la embajada.

comunicación porque técnicamente es ilegal para él que hablemos, porque yo soy considerado una víctima de sus crímenes y él no puede contactarme a mí, cosa que de hecho no hizo. Los otros dos señores que mataron a mi padre están en el norte del Luisiana, donde yo vivo. Uno de ellos, Luis Carlos Quintero Cruz, escuchó a través de 'Cumbamba' que nosotros nos habíamos contactado vía Facebook y empezamos a enviarnos mensajes a través de una mujer en común. Sabíamos que ellos querían tener una audiencia para ver si podían obtener una libertad condicional. Mi madre y yo dijimos que no tendríamos ningún problema en que ellos fueran liberados, pero las autoridades dijeron que no tenían por qué soltarlos y debían permanecer para siempre en prisión. Así que por más que nos preguntaron si estábamos de acuerdo en que los soltaran, a ellos verdaderamente nunca les importó, pues la decisión de dejarlos presos toda la vida ya estaba tomada. Hubo un solo hombre, Bernardo Antonio Vásquez, con el que no pudimos hablar porque nunca aprendió el inglés. Así que no tuvimos forma de contactarlo.

J.P.E.: ¿Qué te respondieron cuando los contactaron?

A.S.: Cuando hablé con 'Cumbamba' se veía muy feliz y dijo que su madre le había pedido que se pusiera en paz con Dios por lo que había hecho. Él pintó la virgen de Guadalupe en la capilla dentro de la prisión, ya que es un gran artista. Y también me dijo que se sentía agradecido de que yo lo hubiera contactado, que lo había hecho sentir muy bien por perdonarlo. Se veía muy afectado por las palabras que recibió de nosotros. Y al otro muchacho su mamá le dijo que antes de que muriera tenía que buscar el perdón de Dios y de la esposa e hijos de Barry Seal.

J.P.E.: ¿Tuviste la oportunidad de preguntarle a 'Cumbamba' detalles del día que mataron a tu padre?

A.S.: A lo largo de los años he reconstruido lo que pasó. Media hora antes de que mataran a mi padre, estábamos él, mi madre y nosotros, sus hijos, en una cafetería comiendo *pancakes*. De pronto entró un hombre vestido de corbata y mi padre se quedó mirándolo fijamente. El propio 'Cumbamba' me dijo que ese hombre era él, que estaba siguiendo a mi padre y que vio la oportunidad de ejecutar el crimen ahí, delante de nosotros. También me dijo que salió de la cafetería y fue a sacar el arma que tenía en el baúl de su automóvil, pero justo en ese momento entraron varios policías y se vio forzado a abortar el plan. Una vez terminamos de comer, mi padre salió hacia la sede del Ejército de Salvación porque debía cumplir con el horario impuesto por el juez Frank Polazola. Él salió de la cafetería a una muerte segura. 'Cumbamba' me contó que en el momento del homicidio de mi padre él se quedó en el automóvil fumándose un cigarrillo y esperando que los otros dos sicarios hicieran su parte: uno debía disparar y el otro tomar fotografías para poder cobrar por el asesinato. Años después tuve la oportunidad de hablar con dos patrulleros que llegaron primero a la escena del crimen y me contaron que en ese momento aparecieron numerosos agentes federales que en contra del procedimiento legal se llevaron el archivo personal de mi padre que estaba en el baúl del Cadillac. Los patrulleros intentaron evitarlo, pero estuvo a punto de ocurrir un enfrentamiento a bala y finalmente no pudieron hacer nada. Tiempo después nos devolvieron solo una parte de los documentos.

J.P.E.: Quiero agradecerte a ti y a tu madre por tu generosidad y capacidad de perdón. Y por el mensaje de paz y reconciliación que me traen tus palabras. A ti y a mí se nos ha dado la oportunidad de hacer las cosas mucho mejor. Y eso es para lo que creo que estamos conectados.

A.S.: Así es, es hora de recuperar el tiempo perdido. ¿Y tú te sientes en riesgo en Colombia, Sebastián?

J.P.E.: He estado aquí en Colombia durante los últimos meses. Acá hay gente con mucho poder y si hubiera alguien que quisiera hacerme daño ya lo hubiera hecho sin problema alguno. Eso sí, espero que los enemigos de mi padre no me consideren como una amenaza, porque no lo soy y nunca lo seré. Soy un hombre de paz.

* * *

Finalmente, treinta años y siete meses después de que mi padre ordenó matar a su padre, Aaron Seal y yo nos encontramos en Ciudad de México. Era el 27 de septiembre de 2016.

La reunión en el piso 22 del hotel Sevilla Palace no fue fácil, por más que habíamos hablado por videoconferencia días atrás. Aaron estaba sentado en una banca de cemento redonda bajo un techo de paja, y yo empecé a acercarme sosteniendo en mi mano un ejemplar que recién me había llegado de la edición en inglés de mi primer libro, *'Pablo Escobar, My Father'*, de la editorial Thomas Dunne Books.

El libro era lo único a lo que podía aferrarme mientras caminaba hacia él. Estaba a pocos pasos de una víctima directa de la violencia de mi padre y no había encontrado otra cosa que llevarle de 'regalo' que mi historia. Previamente había escrito una respetuosa dedicatoria en la que compartía con él la horrible pesadilla que vivimos y que no se debe repetir.

Aaron tampoco venía con las manos vacías. Traía consigo un objeto de su padre que conservaba con mucho cariño. De hecho, en una charla telefónica previa a nuestro encuentro tuvo la deferencia de preguntarme si me molestaría que trajera como obsequio algo que perteneció a su padre. Respondí que no me molestaba en absoluto.

En ese momento, Aaron se desprendió de un objeto que considero de un valor incalculable en lo sentimental y en lo económico: una insignia que la línea aérea TWA le entregó a su padre en reconocimiento al graduarse de 'Junior Pilot', el piloto más joven de la aerolínea.

Apenas puedo describir la emoción que sentí al tener en mis manos el emblema que, estoy seguro, su padre llevó con orgullo en su uniforme de aviador. Fue el mérito que Barry Seal alcanzó a los 24 años de edad, cuando lo distinguieron como el más joven y audaz piloto comercial de Estados Unidos.

No hablamos del perdón, pero un abrazo fue más que elocuente. Esa energía que trae consigo el perdón y que he experimentado tantas veces, me hizo recordar el saludo que nos dimos en Argentina con el entonces senador Rodrigo Lara, cuando avanzábamos en la ejecución del documental *Pecados de mi padre*.

Luego de guardar los regalos en nuestras habitaciones, Aaron y yo caminamos por el sector de Polanco, nos tomamos algunas fotos y lo invité a comer en el restaurante Loma-Linda. Mientras degustábamos un rico 'Blody Mery' y una deliciosa carne asada con puré de papas y ensalada, me contó novedades del pleito judicial con su media hermana por los derechos de la película *Mena*:

—El fallo de primera instancia salió a favor de Universal Pictures, de mi mamá Debbie y de mí, pero mi media hermana apeló y por eso está pospuesta la presentación oficial de la película. Pero las probabilidades que tiene de ganar son muy escasas porque se trata de la historia de mi padre, un personaje público que en su momento fue considerado uno de los hombres que más drogas introdujo ilegalmente a los Estados Unidos.

Horas después, regresamos al hotel y quedamos en vernos al día siguiente. Pasé la noche en vela y solo pude conciliar el sueño a las cinco de la mañana, pero no perdí el tiempo porque escribí las experiencias que había traído consigo este día tan trascendental.

El segundo encuentro con este nuevo amigo de la vida estuvo lleno de emociones. Al cabo de varias horas de charla lo invité a leer el borrador del capítulo sobre su papá y nuestro encuentro. Pero lo más notable de la extensa conversación con Aaron fue descubrir que a medida que hablábamos de Barry Seal y de Pablo Escobar, descubríamos que ellos tenían muchas cosas en común. Una de ellas, que me sorprendió sobremanera, está relacionada con el momento en que Seal estaba detenido en la cárcel de Tegucigalpa y Aaron acompañó a su madre a visitarlo. Él estaba muy pequeño y la versión que le dieron entonces era que su padre trabajaba en esa cárcel y por eso usaba uniforme de guardián. Durante muchos años creyó que eso era así, hasta el día que supo que en realidad su padre les había dado dinero a los guardias para ocultarle a su hijo que era un prisionero. Esa estrategia para evitar que su hijo supiera la verdad sobre su padre era utilizada también por mi padre en ciertos momentos.

Al finalizar la tarde, Aaron asistió a mi conferencia *Una historia para no repetir*, a la que acudieron 1.200 personas. Mientras escuchaba la traducción al inglés, observé que varias veces asintió con la cabeza en señal de aprobación de mis reflexiones. Una vez bajé del escenario me dio un fuerte abrazo y noté que no pudo contener el llanto.

Luego, una persona se acercó con un regalo extraño: un pedazo de azulejo, arrancado por su pequeño hijo de 12 años en una visita a la hacienda Nápoles. Reconocí su autenticidad porque conozco de memoria esos baldosines. Aaron me preguntó qué era y se lo regalé.

—Atesoraré esto, amigo mío.

* * *

'Quijada', el tesorero de mi padre y protagonista de uno de los capítulos de este libro, fue una de las personas a quienes mi padre llamó a Miami a hablarles del plan criminal que terminó en la muerte de Barry Seal. Este es su relato, que coincide con la charla que sostuve con Aaron Seal:

—Pablo me llamó y me dijo que venían de Colombia tres muchachos que iban a hacer una vuelta, pero me dio la orden de no meterme porque el negocio en Miami se jodía. Simplemente me dijo que colaborara en lo que pudiera, pero no más. Me dijo que eran Guillermo Zuluaga, alias 'Cuchilla', y Pedro y Bernardo. Dos de ellos entraron ilegalmente desde México a través del 'hueco', y yo los mandé a recoger; luego los hospedé en un hotel. 'Cuchilla' me preguntó que si me acordaba de Barry Seal y le respondí que claro, que cómo no me iba a acordar de ese güevón si fue el que 'sapeó' a Pablo. Luego me dijo que iban a hacerle la vuelta (matarlo) en el Estado de Luisiana, donde estaba protegido, pero aclaró que tenían la manera de entrar, hacerle la vuelta y salir. Yo no volví a verlos. Luego supe que 'Cuchilla' escapó y que capturaron a los otros en la autopista Turnpike, porque el taxi en el que escapaban mató un venado. Por más de dos años, a la mamá de uno de ellos, que vivía en Sabaneta, le mandamos plata para ayudarle con los gastos.

CAPÍTULO 2
El eterno drama de 'ser los hijos de'...

"Aunque tu vida en un momento dado fue tormentosa, después ha sido más tranquila; en cambio, la mía ha sido más complicada. Nunca hiciste nada ilegal pero yo sí estuve al margen de la ley. Por lo que nos tocó vivir, los dos tenemos muchas cosas en común: tuviste una intensa persecución, yo la tuve; estuviste al borde de la muerte, yo también. En fin, fuimos marcados por ser los hijos de...".

Quien pronuncia esta contundente frase es William Rodríguez Abadía, hijo de Miguel Rodríguez Orejuela, uno de los principales enemigos de mi padre y quizá uno de los determinadores de su muerte.

Repasar la vida de mi padre me convenció de que entrar en contacto con Rodríguez Abadía era indispensable para entender a cabalidad la terrible historia que ocurrió hace cerca de tres décadas, cuando su padre, Miguel, su tío Gilberto Rodríguez y mi padre, se convirtieron en capos de capos de los dos más grandes carteles de cocaína del mundo, al tiempo que libraron una violenta guerra, que terminó con mi padre muerto y los parientes de William pagando una larga condena en Estados Unidos.

Y es que desde el primer día la vida se encargó de ponernos en orillas distintas, bien distintas: William proviene de una familia reconocida socialmente que en algún momento incursionó con éxito en el mundo empresarial, que tuvo la oportunidad de educarse en prestigiosas universidades de Estados Unidos. Pero no contó con la suerte de tener una buena relación con su padre. Por mi lado, no hay mucho para contar: mi padre fue un hombre que pudo haber tenido posibilidades de progresar, pero decidió que solo le interesaban los negocios ilegales y por cuenta de ello nos arrastró en un torbellino de violencia que en ese momento no nos permitió formarnos académicamente y mucho menos construir un futuro económico. Con todo, en lo personal, le llevo una ventaja a William: la relación con mi padre fue entrañable y cercana, aunque duró muy poco tiempo.

Si se trata de paradojas, William y yo estamos unidos por varias, pero la más llamativa es que ni él puede salir de Estados Unidos, ni yo puedo entrar. Él porque lleva años esperando que le resuelvan su situación migratoria, y yo porque simplemente no me dan visa debido a mi parentesco con Pablo Escobar. Así las cosas, la tecnología habría de ser la clave para hablar, para descubrir muchas cosas que no sabíamos, para sincerarnos, en fin, para dialogar por primera vez con alguien que, como yo, lleva años señalado por 'ser el hijo de...'.

Este es el extenso, revelador y a la vez dramático diálogo vía Skype que sostuvimos William Rodríguez Abadía y yo:

Juan Pablo Escobar: En efecto, William, el estigma por 'ser los hijos de' va a perdurar por el resto de los días. Aquí nadie pretende alejarse del parentesco, sino tener la autonomía de generar su propio destino y no estar atado al camino equivocado que marcaron nuestros padres. Pero sí quisiera preguntarte ¿qué pensabas de mi padre en aquella época?

William Rodríguez Abadía: Desafortunadamente, debo decirte que no tengo una buena imagen de tu padre, pues siempre lo consideramos nuestro enemigo. Siempre tuvimos mucho temor hacia el nombre de Pablo Escobar y solo conocimos su parte oscura; fuimos perseguidos, mucha gente querida fue asesinada en esa absurda guerra y yo lo describiría como un hombre que perdió todos los valores porque el poder lo cegó y fue capaz de desencadenar una ola de terror en el país. No conozco su parte humana, conozco el mito y lo que mi padre me comentaba acerca de quién era él. Siendo sincero, de tu papá no puedo decir cosas positivas, pues fue enemigo de mi padre y de mi tío, y yo fui una víctima de esa persecución; nunca entendí cómo esos hombres se autodestruyeron ellos mismos, si el enemigo no eran ellos, eran otros, y les ayudamos a que nos acabaran; les hicimos más fácil la vida a los americanos y a la burguesía de este país.

J.P.E.: ¿Alguna vez mi padre atentó contra ti?

W.R.A.: Que yo sepa, no. Había muchos rumores en ese momento, había mucha gente que venía de Medellín como mucha gente iba de Cali a hacer sus operativos. Por lo menos durante la mayor parte de la guerra, respetaron el pacto de no atentar contra sus familias. Fue una guerra frontal entre ellos, muy sangrienta. Te cuento que tuve un amigo que se convirtió en jefe de seguridad de mi padre y me contaba de los operativos que hacían en Cali y la gente que recogían de Medellín. Pero yo era más precoz y trataba de averiguar, porque era mi vida, era la vida de mi padre y no quería que le pasara nada. Vivimos momentos de terror muy grandes, atentados que le hicieron y otros ataques frustrados... imagino que tu papá tuvo varios atentados. Fue una época de mucho miedo, de mucho terror.

J.P.E.: El terror también lo vivimos en Medellín. Nosotros como familia vivimos relativamente tranquilos hasta cuando empezó la guerra. A partir de ese momento, corrimos día y noche...

W.R.A.: Lo importante es que tengas claro, Juan Pablo, que nunca te he hecho nada y tú nunca me has hecho nada; de pronto estuvimos en lados diferentes, por cosas de la vida. Yo soy un hombre que no le 'soba la chaqueta' a nadie, pero debo reconocer que tú has cogido el tema por donde es y lo has hecho mejor que yo, porque yo soy un poco más impulsivo; tú has logrado superar esos impulsos y mostrado el tema como es, más serio, más tranquilo, y has asumido una responsabilidad que no es tuya y lo has hecho con mucho valor y mucho tino. Finalmente, tú tienes muerto a tu padre, pero yo tengo vivos a mi tío y a mi padre, presos en una cárcel de Estados Unidos. De alguna manera, te quitaste una carga de encima.

J.P.E.: Sin duda; cada vez que oigo noticias, que vuelvo a meterme en los temas, en los casos de extradición, me siento afortunado de la vida a pesar de que no tengo a mi papá. Otra sería la realidad si él estuviera detenido en las mismas condiciones en que están tus familiares. Eso me hace pensar cuál sería mi actitud frente a la vida si esa fuera la situación. Al final, doy gracias de que mi papá no quedó con vida porque estaría afrontando situaciones innombrables.

W.R.A.: Fíjate que en medio de sus erradas creencias, mi tío y mi padre tomaron el camino de no colaborar con la justicia y lo único que hicieron fue entregar unos bienes para salvar una parte de la familia. Hubieran podido estar menos tiempo encerrados, pero decidieron morir en una cárcel. Mi padre tiene 73 años y le faltan 13, estamos hablando de que saldrá de 85 u 86. No creo que dure tanto. Con mi tío Gilberto no tengo mucha comunicación, pero es un hombre mayor y me han contado que está enfermo. Bueno, Juan Pablo, pero te devuelvo la pregunta: ¿qué pensabas de Miguel y Gilberto Rodríguez?

J.P.E.: La primera vez que supe de la existencia de ellos fue el 13 de enero de 1988, el día que explotó el carro bomba en el edificio Mónaco, donde vivíamos con mi madre y mi hermanita Manuela. Ese día salimos de allí y escapamos milagrosamente con vida. De hecho, no pensamos que había sido una bomba, porque en Colombia en aquella época no habían explotado bombas de ese calibre. Pensamos que había sido un terremoto, una catástrofe natural, pero nunca una bomba. Nos sacaron de allí a una caleta cerca del sector del Poblado, que nosotros llamábamos 'Los viejitos', pero las autoridades le decían 'El bizcocho', y mi padre ya estaba ahí. Él pensó que habíamos muerto porque perdimos todo contacto y comunicación. Una o dos horas después de haber llegado, él seguía haciendo muchas llamadas y yo estaba muy nervioso; habíamos vuelto a nacer y apenas empezábamos a caer en cuenta de lo que había ocurrido. De repente, él recibió una llamada y alcancé a escuchar lo que dijo en tono cordial: 'Bueno, hombre, muchas gracias'. Luego colgó y soltó la siguiente frase: 'Ahí llamaron esos hijueputas, a ver si había quedado con vida o no, pensando que yo estaba en el Mónaco'. Esa fue la primera vez que pregunté ¿quiénes son?, ¿quiénes te llamaron?, ¿vos sabías de dónde viene esto? Mi padre respondió: 'Yo sabía que estaban preparando un atentado grande contra mí, pero no contra mi familia'[3]. Esa noche oí hablar por primera vez de Miguel y Gilberto Rodríguez Orejuela, y de Cali, la ciudad donde vivían.

A partir de ese momento mi padre empezó a compartirme la información que obtenía sobre el cartel de Cali, como diciendo estas personas nos hicieron daño y así va la lucha. Él se veía deseoso de que yo conociera la información, preocupado de mi seguridad, inquieto de que desde algún lado de tu familia, William, se gestara un secuestro para sacarle plata o matarme; había mil temores porque todo era posible y él me hablaba mucho del cuidado que debía tener. Un día me dijo que tenía ubicados a los hijos, a los tíos, a los primos, a toda la familia Rodríguez, pero sostuvo que 'a nadie le voy a hacer nada porque el compromiso es que la guerra es entre nosotros'. William, ¿qué sabes del comienzo de la guerra entre los dos carteles?

W.R.A.: Manejo dos versiones. Mi padre y mi tío decían que Pablo les había agarrado bronca porque no lo auxiliaron en los grandes atentados que había realizado, como la muerte del ministro Rodrigo Lara y la guerra contra la Policía. Mi papá y mi tío siempre quisieron estar al margen y le dijeron 'siga, que nosotros le colaboramos, pero no nos queremos meter en esas cosas'. Ahí empezaron los roces.

---

3 La explosión dejó un cráter de cuatro metros de profundidad y diez de diámetro. Murieron dos personas, una de ellas fue Miguel, el vigilante de la parte trasera del edificio. Uno de los capos de Cali, Hélmer 'Pacho' Herrera, contrató dos sujetos, entre ellos Germán Espinosa, alias 'el Indio'. Mi padre ofreció tres millones de dólares de recompensa por su paradero y poco tiempo después 'el Indio' fue localizado y asesinado en Cali por una pareja de jóvenes que se ganaron el dinero ofrecido.

En la segunda versión que tengo del porqué de la guerra aparece en escena el señor Hélmer 'Pacho' Herrera. Él se hace importante en la organización durante el tiempo en que mi tío Gilberto estuvo preso en España, entre 1984 y 1986. Es en esa época cuando mi papá se vuelve muy amigo de 'Pacho', porque mi papá mandaba los cargamentos y 'Pacho' se los vendía en Nueva York. En medio de esto parece que hubo un problema con un trabajador, Jorge el 'Negro' Pabón, quien tenía un hermano cuyo nombre no recuerdo. Yo los conocí en 1979, porque mi tío libró una guerra contra unos secuestradores y los Pabón le ayudaron; recuerdo que hasta jugábamos fútbol en una finca que teníamos en Silvia, Cauca, y ahí estaban los dos negros. A ellos les decían los Palestinos, y un buen día se fueron para Medellín porque conocían a Pablo y también eran amigos de él. Sucedió entonces que un trabajador de 'Pacho' mató a uno de esos Pabón y tu papá llamó a 'Pacho' y le dijo que le entregara al asesino. Como 'Pacho' respondió que no, Pablo llamó a mi papá y a mi tío y les exigió entregarle a 'Pacho'. Ellos respondieron 'nosotros no matamos a nuestros amigos, entonces matate con él'. Ahí empezó todo.

Para acabar de completar, Juan Pablo, a tu papá le hicieron un gran operativo en el que casi lo capturan en la finca El Bizcocho, y encontraron numerosos videos en los que se veían las casas de nosotros, más que todo las de mi papá, que era más descuidado que mi tío; habían filmado los recorridos que hacía, sus rutinas. Ahí quedó confirmado que tu padre no solo iba por 'Pacho' Herrera, sino por mi tío y por mi padre. Te cuento que mucho tiempo después, cuando yo estaba prófugo, recibí la ayuda de una persona a la que le decían 'Ingeniero Canaro', quien me contó cómo fue planeado el atentado al edificio Mónaco. Me dijo que los veían a ustedes desde lejos y pensaban que Pablo estaba ahí esa noche, pero desafortunadamente en un acto de barbarie estallaron el carro. Yo he sido el único en mi familia que ha reconocido que ellos lo hicieron; las cosas hay que llamarlas por su nombre y ese fue un acto criminal que nunca compartí y que quise denunciar porque siempre hubo la incógnita en el sentido de si mi tío Gilberto, 'Pacho' Herrera y mi papá fueron o no los que ordenaron ese ataque.

J.P.E.: Pensaron que mi padre estaba en el edificio porque a media noche llegó un carro con un señor de contextura parecida a la de mi papá, pero en realidad era Fernando Henao, hermano de mi madre —fallecido hace poco—, quien llegó a visitarnos con una premonición rarísima y sin explicación alguna nos dijo 'vámonos, que algo grave va a pasar'. Pero no le hicimos caso y mira lo que pasó.

W.R.A.: Ellos tenían un edificio desde donde lo veían y como parecía que tu papá estaba ahí decidieron lanzar el carro rodando, pero el plan falló porque el vehículo se desvió un poco y no se dirigió directamente al edificio, porque si no lo tumban completamente.

J.P.E.: Entiendo. Pero es que tus parientes tenían una gran ventaja porque la Policía estaba de su lado, incluido el Bloque de Búsqueda, que trabajaba de la mano con tu tío y con tu padre.

W.R.A.: Es verdad, en esa época la Policía nos protegía y hasta nos había dado un carné especial para desplazarnos libremente por la ciudad. Nosotros teníamos el control total de la Policía, que realizaba operaciones y montaba retenes para detectar a quienes enviaba tu padre desde

Medellín a atacarnos. ¿Y el Bloque de Búsqueda? Claro que lo controlaban a través de los coroneles Danilo González y Hugo Aguilar, quienes eran los jefes de operaciones del Bloque en Medellín. Ellos eran controlados por el cartel de Cali. Le doy este dato, Juan Pablo: el día que matan a tu papá, mi papá fue la primera persona que se enteró, porque lo llamaron desde el Bloque y le dijeron 'vea, señor, está hecho'. Eso me lo contó mi padre.

J.P.E.: ¿Qué opinas de la versión de Carlos Castaño, quien dijo que fue la primera persona que entró a la casa donde cayó mi papá?

W.R.A.: Eso es mentira. Lo que me contó mi padre primero, y luego Danilo González, es que quien lo mató fue Hugo Aguilar.

J.P.E.: El problema es que Aguilar es muy contradictorio al contar su versión, porque según él mi papá voló cincuenta metros desde la ventana por donde intentó escapar hasta el lugar donde cayó muerto. Ni porque le hubiera disparado con un tanque de guerra. La manera como él describe los hechos, contrastado con las fotografías del momento, más el armamento que decía portar y el nivel de las heridas de mi padre, no coinciden en absoluto.

W.R.A.: Entiendo, pero mi papá no me contó cómo fue, solamente me dijo que Aguilar lo mató, y después Danilo González me dio la misma versión.

J.P.E: En orden, ¿cómo eran las prioridades del cartel de Cali respecto de sus enemigos del cartel de Medellín?

W.R.A.: El principal objetivo, obvio, era tu papá; el segundo, Gustavo Gaviria y el tercero, tu tío Roberto. A Roberto le tenían una bronca adicional porque mandó matar dos muchachos que habían sido enviados a

Medellín a liquidar la regional Antioquia de Drogas La Rebaja, porque casi todas las farmacias habían sido destruidas con bombas. Uno de los muchachos muertos había estudiado con mi primo Humberto, uno de los hijos de mi tío Gilberto, y fue muy cercano a mi casa porque yo me crie desde los 13 años con los hijos de Gilberto. Por esa razón, mi tío vivía obsesionado con hacerle algo a Roberto. Mi tío decía 'a ese hijueputa lo mato porque lo mato'. El atentado con el sobre bomba que le hicieron en Itagüí fue obra de ellos, pero no entiendo por qué le perdonaron la vida[4].

J.P.E.: Es cierto que le tenían mucha bronca, porque estuve presente en algunas conversaciones telefónicas entre mi papá y tu tío, y en algún momento estuvieron muy cerca de hacer la paz. La discusión era por uno o dos millones de dólares, no más. Pero por alguna razón Roberto aprovechaba esos instantes y le arrebataba el teléfono a mi papá y empezaba a insultar, a amenazar y a decirles a tus parientes que les iba a matar hasta el perro de la casa. Entonces esas negociaciones se enredaban. A propósito y ya que mencionamos a Roberto, mi tío, llegamos William a un tema clave del que quisiera que habláramos ahora: el de la denominada paz con los carteles, que se produjo después de la muerte de mi padre y que consistió en entregarles a sus enemigos todos los bienes que dejó, a cambio de que no nos mataran a nosotros. En desarrollo de ese complicado proceso y en medio de los numerosos viajes que hicimos

4 El atentado a Roberto Escobar ocurrió el 19 de diciembre de 1993, dos semanas después de la muerte de mi padre. Recibió graves heridas en los ojos y el rostro cuando abrió un sobre de manila que supuestamente contenía un documento que le enviaba la Procuraduría General desde Bogotá.

a Cali, empezamos a descubrir que la familia de mi padre nos había traicionado. Y tal vez sin proponérselo, tu padre ayudó a confirmar que eso era cierto. Me explico. Hay varias frases de tu papá que no olvido porque aunque no era específico, sí insinuaba que no nos mostráramos tan buenas personas con nuestra familia paterna. Me refiero en concreto a una ocasión en la que mi madre fue a Cali a entregar los bienes de mi padre y aprovechó para decir que estaba dispuesta a dar lo que fuera, a cambio de que a la familia de mi papá tampoco le pasara nada. Al terminar el encuentro, tu papá le dijo a mi madre: 'Señora, no pague por esa gente, que esa gente le va a sacar los ojos a usted'.

Dicho y hecho, porque un buen día, en otro viaje a Cali para reunirnos con los enemigos de mi padre, nos encontramos a mi tío Argemiro, a mi abuela paterna Hermilda y a mis tías, así como a mi primo Nicolás, hijo de mi tío Roberto, quienes no tuvieron el menor escrúpulo en pedir que nos quitaran a Manuela y a mí las propiedades más valiosas que mi padre nos había dejado. Tu papá, William, no lo olvido, se paró fuerte en defensa de nosotros como familia y dijo que la voluntad de Pablo debía cumplirse respecto de sus hijos.

W.R.A.: No supe nada de eso porque en aquel momento yo estaba aislado de esas actividades. Pero mi papá me contó después sobre las reuniones que sostuvo con tu madre y contigo, y que él les había salvado la vida porque había mucha gente que les quería hacer daño. Me dijo que él había dicho que la guerra había terminado y que te había recomendado irte al exterior para salvar tu vida y que afortunadamente lo hiciste. Mi papá me decía que a ti te hubieran matado aquí, que no te podían proteger más. Aquí se sabía que ese loco de Carlos Castaño quería matarlos a ustedes. Menos mal se fueron.

J.P.E.: William, después de la muerte de mi papá los únicos que huyeron del país fuimos mi madre, mi hermana y yo. Nadie más de la familia salió corriendo. Tan claro es esto que cinco meses después de la muerte de mi papá mi abuela Hermilda viajó a Nueva York de paseo, pese a que a todos los Escobar nos habían quitado la visa. ¿No es llamativo que los 'Pepes' secuestren a mi primo Nicolás, hijo de mi tío Roberto, y luego lo dejen en libertad? Y Nicolás apareció días después de la muerte de mi padre en vehículos y con armas que le regaló 'Pacho' Herrera. ¿No es raro que Roberto me pidiera escribir un libro diciendo que Alberto Fujimori y Vladimiro Montesinos tuvieron nexos con mi padre, a cambio de darnos la visa a Estados Unidos? ¿Es normal que muerto mi padre mi tío Roberto me diera un código para ir a la embajada de Estados Unidos a hablar con Joe Toft, el jefe de la DEA? ¿Y que haya terminado hablando con él?

W.R.A.: Ahora que reflexiono, Roberto tuvo que haber hecho algún pacto porque mi papá y mi tío decían que le tenían más bronca a Roberto que a Pablo. No entiendo por qué al final le perdonaron la vida. Alguien tuvo que interceder por él, porque ellos decían 'con este tipo no puede haber nada'.

J.P.E.: Para resumir este punto, por fortuna se dio la oportunidad de salir y la aprovechamos para bien. A propósito, no quiero pasar por alto la enorme gratitud y respeto que tengo hacia tu papá por la manera como se portó con nosotros, especialmente en una época en la que era muy difícil hacer uso responsable del poder.

W.R.A.: Mi papá es un hombre de palabra, aunque hay gente que no entiende eso y dice que es un bandido. Pero por algo le decían el 'Señor'; no le decían 'Tocayo' o 'Machete'. Desafortunadamente, tuvo que entrar en una guerra absurda y esa guerra nos cambió la vida. Antes de la confrontación con tu padre y aunque estaban en el negocio de las drogas, solo estaban dedicados a eso. Por eso llegaron a montar una multinacional del narcotráfico. Lo que ellos buscaban era dinero, pero después de esa guerra sus valores cambiaron. Es que empezaron a rodearse de sicarios, de matones que solo querían el conflicto. Antes de esa guerra mi papá andaba con dos escoltas, tranquilo, sin problemas, pero ya después eran diez, quince, veinte... una locura. Yo andaba con uno y luego tuve cinco. La guerra con Pablo nos cambió la vida para mal. Y después de la muerte de tu papá, el poder enloqueció a mi papá y a mi tío; no entiendo cómo teniendo tantas oportunidades para arreglar sus problemas jurídicos no lo hicieron, y mira como terminaron. Estos señores pudieron hacerlo y desaprovecharon la oportunidad por el ego, por creerse intocables.

J.P.E.: Muerto mi padre, la única cabeza visible del narcotráfico era tu familia, y era claro que las autoridades se iban a enfocar en tu tío y tu padre porque no había nadie más a quién perseguir. Pero yo intuía que dadas las relaciones tan íntimas con las instituciones de aquel entonces, tenían garantizados veinte años de impunidad y de tranquilidad. Pero me sorprendió la velocidad con la que cayeron.

W.R.A.: Tuvieron dos años para hacer ese manejo pero desaprovecharon la relación que tenían con el Fiscal, con la Policía, la gratitud del Gobierno, de los mismos americanos. Pero perdieron la noción de la realidad. Pensaron que Gilberto iba a la cárcel y Miguel se quedaba afuera y ya... ideas absurdas generadas por la irrealidad. Ellos creyeron que todo lo podían manejar y perdieron de vista que los gringos son los dueños del mundo. Los gringos nos utilizaron para matar a tu padre, luego usaron a los del cartel del Norte del Valle para acabarnos a nosotros, más tarde se valieron de Varela para guerrear con otros señores. Ese es un ciclo que se cumple porque al final somos fichas. ¿Y qué nos quedó? Cuentos que contar.

J.P.E.: Volviendo atrás, cuando mi padre se entregó, ¿los capos de Cali pensaron que la guerra había acabado?

W.R.A.: No, ellos seguían en su objetivo de acabar con Pablo Escobar. Cómo será que hasta los robaron en Costa Rica porque compraron unas bombas 'papaya' que dizque iban a lanzar sobre La Catedral; creo que alcanzaron a llegar dos, pero eran bombas que requerían de un avión especial para explotar una vez fueran lanzadas. Era una guerra sin cuartel. Era muy difícil que hubiera un arreglo, porque Pablo seguía en lo mismo y ellos seguían en lo mismo. En cierto momento se hubiera podido, pero después pasaron demasiadas cosas. Era Pablo o eran ellos. Mal que bien, en La Catedral lo tenían ubicado porque antes no sabían dónde estaba. Aunque ahora él estaba más protegido y era más difícil llegarle, siguieron insistiendo en borrarlo del mapa a como diera lugar.

J.P.E.: Te cuento que después de que se supo lo de las bombas 'papaya', mi papá se salió del perímetro y nos prohibió entrar a la parte central de la cárcel.

W.R.A.: Ellos estaban al acecho; pero también es claro que Pablo desaprovechó la oportunidad de arreglar tantos problemas. Le pasó lo mismo que a estos señores de Cali.

J.P.E.: De acuerdo. Era confesar, quedarse quieto unos años y eso paraba la bronca, pero no quiso. La verdad, llegué a pensar con ingenuidad que mi papá sí quería entregarse y arreglar las cosas; en un principio yo le creí, pero eso se desvirtuó muy rápido. La Catedral terminó en una fiesta. No se lo tomaron con seriedad, el ego no le permitió ver la oportunidad que tenía en sus manos y la dejó pasar. Mi papá pagó con su vida el desafío al Estado y al imperio. William, ¿y qué crees que vaya a pasar con tus parientes?

W.R.A.: Ellos tienen que cumplir su condena de treinta años, cumplir mínimo veinticinco para poder salir porque es imposible que les den algún beneficio. Es que mi tío Gilberto, mi papá y tu papá, se convirtieron en símbolos del narcotráfico. Tu papá tuvo el final que tuvo pero a los de Cali los gringos se las van a cobrar todas. Si aguanta, mi tío saldría a los 89 y mi papá a los 86. Viendo la situación de mi padre, yo hubiera preferido que estuviera muerto. Es muy lamentable. Conozco el sistema Federal y las prisiones no son un paseo, como la gente piensa. Son cárceles muy complicadas, no solamente por las normas del gobierno sino que adentro también hay leyes. Pero bueno, Juan Pablo, esa fue la vida que escogieron y uno no se puede arrepentir porque si uno escogió ese camino y no aprovechó las oportunidades, tiene que sufrir las consecuencias. Yo creo que ellos morirán en una cárcel.

J.P.E.: Siento oír eso, pero es claro que la comunicación entre tú y tu padre ha tenido momentos muy complicados.

W.R.A.: Me quedé esperando un trato diferente de parte de mi tío y de mi papá, que trataran de ayudarme a solucionar mi problema porque ya estaba pedido en extradición, pero desafortunadamente ellos tenían como estrategia quedarse en Colombia. Ellos estaban jugando a eso y yo respeté esa decisión porque de por medio estaba mi padre y quise darle esa oportunidad. Lo esperé hasta que lo subieron al avión rumbo a Estados Unidos y a partir de ahí yo tenía que pensar en mis dos hijas y en mi mujer, pues yo había pensado toda la vida en mi padre. Entonces me entregué y a partir de ahí tuvimos distanciamientos y dificultades debido a que él creyó que yo lo había traicionado y yo, que él me había traicionado. Mucho tiempo después, cuando yo pagué mi pena y salí de la cárcel, nos vimos dos veces y tratamos de hablar, de contarnos qué había pasado, pero de corazón a corazón sé que ni él ni yo hemos podido superar eso. Y hay que hacerlo porque no me quiero morir con este cargo de conciencia por no tener una relación con mi padre. Juan Pablo, tú fuiste más afortunado porque tuviste una relación más cercana con el tuyo y lo poco que viviste al lado de él fue muy intenso; la mía fue más traumática porque mi mamá me sacó de Colombia durante varios años y cuando regresé estuve muy alejado y no tuvimos una relación cercana con mi padre. Nos acercamos un tiempo, cuando recién lo capturaron en 1995, pero porque me necesitó para hacer muchas cosas. Te cuento que él se enfadó cuando publiqué mi libro *No elegí ser el hijo del cartel*, porque según él lo dejé mal. Creo que he sido muy respetuoso, he dicho la verdad en el sentido de que no tuvimos una buena relación. Si uno toma la decisión de escribir un libro hay que contar la verdad, porque la idea era que sirviera para algo, que fuera un ejemplo para que la gente no siga ese camino. Hay quienes dicen que nosotros tuvimos un momento de gloria. Yo, por ese momento de gloria, he vivido 20 años de desgracias y todos los días vivo más desgracias, porque no es fácil ver a tu padre en la cárcel y a tu familia en problemas legales. Estoy planeando acercarme a mi padre, siento que tengo que hacer ese último intento de recuperar mi relación con él; se merece ese último intento de limar esas asperezas, porque yo sé que no son como él cree y a lo mejor no son como yo creo.

J.P.E.: Qué situación tan compleja, William, porque en efecto el rumor de que tú habías declarado contra tu padre y contra tu tío era muy fuerte.

W.R.A.: Mirá, yo los esperé cuatro años, cuando era prófugo de la justicia. Durante ese tiempo mi papá me dijo varias veces 'tranquilo, hijo, que voy a tratar de hacer algo por ti', pero no cumplió y por eso tomé la decisión de entregarme, como una manera de presionarlo para que ellos tomaran una decisión. Además, irme a juicio era una locura porque serían sacrificadas cuatro personas más de mi familia que estaban en fila para ser extraditadas. Eran Fernanda mi hermana, y Humberto, Jaime y Alexandra, mis primos, hijos de Gilberto. Yo me entregué para tratar de parar esas extradiciones. Le pueden preguntar al agente especial Edward Kacerosky, un investigador estadounidense que mucha gente conoce. Él cumplió cancelando las extradiciones de mis parientes y por eso me entregué. Una vez llegué a Estados Unidos, confesé toda mi relación con la clase política colombiana, pero él, hábilmente, hizo circular rumores en el sentido de que yo había declarado en contra de mi padre y mi tío. Ese cuento llegó a oídos de mi tío Gilberto, que es un prepotente, y se puso furioso conmigo. Entonces mandé a mi esposa a hablar con mi papá y con mi tío con la idea de aclararles que yo no había declarado contra ellos, pero la respuesta de mi tío fue que no la recibía porque de pronto se trataba de una trampa. Ahí se rompió la relación y tuvimos un altercado muy fuerte en el que llegué a decirle 'listo, viejo hp, lo voy a enterrar'. Lo cierto es que nunca testifiqué contra ellos porque yo no fui a juicio, yo conté lo que hice, y si eso los perjudicó de malas, porque ellos tampoco pensaron en mí. Siento que tomé la mejor decisión. Eso fue lo que sucedió y es muy triste que haya pasado eso después de todo lo que vivimos, de mi entrega a ellos, porque di una batalla jurídica en el Congreso y fui a muchas reuniones de las que era difícil salir con vida. Sí quisiera preguntarle a mi padre por qué tuvimos que llegar a esto, si no había necesidad. Una persona con dos dedos de frente sabe que iban a pagar treinta años de prisión. Siempre pensé que me iban a señalar un camino, pero el camino lo tuve que encontrar yo solo.

J.P.E.: Pues sí, es una pena que no tengas la posibilidad de recomponer la relación con él.

W.R.A.: Voy a hacer el último intento. Tú y yo no habíamos tenido la oportunidad de hablar o vernos personalmente. Nos toca por aquí, por Skype. Pero es la única manera, porque yo no puedo salir de Estados Unidos y a ti no te dejan entrar.

J.P.E.: ¿Cómo así que no te dejan salir?

W.R.A.: No, no me dejan salir todavía porque no han podido solucionar mi problema migratorio. Me han prometido una visa pero todos los días me toman las huellas y me dicen que sí, que ya casi, pero vamos para seis años y nada; dicen que son diez años de espera para obtener la visa S, y eso casi es un milagro.

CAPÍTULO 3

“Ese hombre tiene más vidas que un gato”

Lograr un encuentro con el poderoso jefe paramilitar Ramón Isaza, un hombre que se enfrentó y de cierta manera venció a mi padre, era clave para entender desde otra perspectiva la dinámica de la guerra que nos envolvió hace más de dos décadas.

La última referencia concreta que tuve de él fue a mediados de 1994 —seis meses después de la muerte de mi padre—, cuando mi madre, mi hermana y yo regresamos a la hacienda Nápoles acompañados de dos fiscales y un agente secreto de la Policía. Habíamos viajado al Magdalena Medio a entregarle varias fincas a un narcotraficante de la región, una de las tantas condiciones que nos impusieron los enemigos de mi papá para respetarnos la vida. Una vez mi madre cedió los bienes, decidimos pasar ese fin de semana en Nápoles, previo aviso a Isaza a través de un emisario, quien nos hizo saber que garantizaría nuestra seguridad.

El regreso a la hacienda después de varios años fue extraño y doloroso a la vez porque La Mayoría, como le decíamos a la casa principal, había sido invadida por la maleza, y los lujos y las comodidades de antaño habían desaparecido por completo. Entonces debimos hospedarnos en un lugar de Nápoles conocido como 'el otro lado', donde años atrás mi padre hizo construir cuatro cabañas pequeñas, la taberna El Tablazo, una sala de cirugía y una farmacia. Aun cuando esta parte de la hacienda también se veía deteriorada, las habitaciones estaban en pie y solo les hacía falta un poco de aseo.

En la madrugada del domingo me levanté sofocado por el calor y me llevé un gran susto porque afuera caminaban dos hombres armados con fusil. Observé con malicia y al verificar que su actitud no era hostil me acerqué y me confirmaron que estaban allí porque Ramón Isaza los había enviado a cuidarnos. Según dijeron, en días recientes habían sostenido choques armados con guerrilleros del ELN que regresaron a la región y se atrincheraron en un sector alejado de Nápoles conocido como Panadería.

Esa noche nosotros, la familia de Pablo Escobar, confirmamos que Ramón Isaza no nos consideraba un peligro y que para él la guerra había terminado. Nunca lo había visto, pero a la distancia agradecí el gesto de protegernos.

Por eso ahora, cuando me aventuré de lleno a redescubrir a mi padre, no podía pasar por alto el papel clave que Isaza jugó en la última parte de la persecución que en diciembre de 1993 terminó en la muerte del jefe del cartel de Medellín. Gracias a la gestión de uno de sus abogados, accedió a hablar conmigo en el Magdalena Medio, pero con una importante restricción: la cita debía ser corta porque a sus 75 años de edad padece serios quebrantos de salud por los cuales un juez le concedió la libertad condicional. Isaza permaneció en la cárcel desde 2006, cuando se desmovilizó con 990 hombres de las autodefensas del Magdalena Medio.

Nos reunimos durante dos horas en una cafetería en Doradal, Antioquia, a escasos dos kilómetros de la entrada principal de la hacienda Nápoles. 'Don Ramón', como le dicen en la calle, fue amable aunque distante y su hablar en voz baja dificultaba entender todo lo que decía.

Aun así, mantuvimos un diálogo fluido en el que me contó generalidades de su vida, entre ellas que a comienzos de los años setenta prestó el servicio militar en el departamento de Caquetá, donde le enseñaron a pelear contra las Farc.

—Nuestro comandante decía todo el tiempo que el principal enemigo era Manuel Marulanda, 'Tirofijo', y que debíamos enfrentarlo con valentía.

Años más tarde, hacia 1978, ya fuera del ejército e instalado en una finca del corregimiento Las Mercedes, en el municipio de Puerto Triunfo, Isaza se encontró con que al Magdalena Medio antioqueño había llegado un reducto del ELN que empezó a atacar a los ganaderos y a los agricultores, y además tenía entre sus planes secuestrarlo a él.

Pero lejos de amilanarse, Isaza decidió defenderse y para hacerlo aplicó las técnicas militares que había aprendido en la milicia. En sus propias palabras, para repeler y contraatacar a los subversivos creó una especie de guerra de guerrillas muy efectiva, que con muy pocos hombres empezó a copar amplias zonas. Así, con escasos ocho jóvenes y un número similar de escopetas, eliminó a algunos adversarios y a los demás los puso en fuga.

Lo que sucedió con Isaza después ya es una historia conocida y en la charla conmigo tampoco le interesó ahondar en más detalles. Al fin y al cabo, el objetivo de nuestro encuentro era conocer su opinión sobre mi padre y los detalles que los llevaron a convertirse en enemigos a muerte.

* * *

Según cuenta la historia, durante al menos cinco años, Jairo Correa Alzate —que también era conocido como 'Jairo Caballo'— y mi padre fueron socios en varias rutas de narcotráfico que salían de pistas clandestinas en el Magdalena Medio y llegaban sin mayores tropiezos al sur de La Florida.

Pero como ocurre siempre que están involucrados el poder y el dinero, de un momento a otro Correa armó rancho aparte y empezó a traficar por su lado, al tiempo que se convirtió en un rico terrateniente que llegó a hacerse a la propiedad de las mejores fincas en los alrededores del municipio de La Dorada, departamento de Caldas. Una de ellas fue la hacienda Japón, de 500 hectáreas de extensión, que en poco tiempo fue identificada como el símbolo de su poder en aquella región. Los dominios de Correa se extendieron muy pronto desde La Dorada y Puerto Boyacá hasta Puerto Berrío, al norte, y Concordia, al occidente del departamento de Antioquia.

Mi padre, furioso por la traición de Correa, se propuso secuestrarlo y para hacerlo le pidió ayuda a Henry Pérez, jefe de las autodefensas de Puerto Boyacá y muy cercano a Gonzalo Rodríguez Gacha, 'el Mexicano'. Por aquel entonces, Ramón Isaza comandaba su pequeño grupo de autodefensas y tenía como centro de operaciones la región de Puerto Triunfo, bajo la batuta de Pérez.

No obstante, Pérez se negó a secuestrar a Correa con el argumento de que era un viejo amigo y aliado suyo. Entonces mi padre le hizo saber que quien no era su amigo era su enemigo, y con ello quedó planteada una nueva confrontación que en las siguientes semanas habría de producir numerosas muertes en esa región del país.

Mientras organizaba la estrategia para atacar a Correa y a Pérez, mi padre se dio cuenta de que Ramón Isaza podría ser una piedra en el zapato en Puerto Triunfo por su cercanía a la hacienda Nápoles y decidió librarse de él. Pero lo hizo de una manera muy particular: no con balas, como era su costumbre, sino mediante un mensaje cordial, pero perentorio.

Con un brillo en los ojos, Isaza recordó que un buen día lo sorprendió una escueta carta de mi padre en la que le daba treinta días de plazo para abandonar el Magdalena Medio porque no quería llegar al extremo de matarlo.

Isaza respondió con otra carta en la que le decía a mi padre que por ningún motivo se iría de una región en la que había permanecido por más de veinte años y en la que había echado raíces con sus ocho hijos.

Entonces mi padre le envió otro mensaje, esta vez con uno de sus empleados, en la que le hizo saber que tenía doscientos hombres listos, armados para viajar al Magdalena Medio a sacarlo a las buenas o a las malas.

—Parecíamos novios escribiéndonos cartas —me dijo Isaza con una sonrisa astuta.

La respuesta fue más que retadora. Su empleado nunca regresó, pero a cambio mi padre recibió una carta que contenía un pedazo de papel con escasas dos líneas escritas a mano: "Don Pablo, mande quinientos hombres si quiere, que esas armas me sirven para frentear a las Farc". La guerra estaba declarada.

Lo que sucedió a partir de ese momento fue una batalla sin cuartel de la que el país no se enteró. Durante al menos tres años mi padre y Ramón Isaza se enfrascaron en una violenta lucha en la que hubo muchos muertos de lado y lado.

El principal teatro de los acontecimientos fue la vía que comunica a Doradal con el corregimiento de La Danta, municipio de Sonsón, Antioquia, donde los hombres de mi padre le hicieron al menos ocho atentados a Isaza sin que hubieran podido asesinarlo. Es más: ni siquiera quedó herido pese a que en los ataques explotaron bombas de alto poder y granadas de fragmentación y se produjeron balaceras de varias horas con fusiles AK-47 y AR-15.

Isaza recuerda especialmente un episodio del que salió ileso de milagro. Un día acababa de salir de La Danta y se dirigía en una camioneta hacia Doradal, pero tenía el presentimiento de que una bomba estallaría en algún tramo del camino. Aunque sus hombres revisaban la carretera con bastante frecuencia, algo le decía que estaba en peligro. Y sucedió: una potente carga explosiva detonó al paso del vehículo, que voló por los aires y cayó de medio lado. El conductor murió por el estallido e Isaza le cayó encima; entonces debió salir por la puerta derecha. Con mucha dificultad logró abrirla y con un fusil en la mano se lanzó al piso, justo en el preciso instante en que un sicario se dirigía hacia él para rematarlo. Pero Isaza fue más rápido y logró abatir al atacante. Nuevamente se había salvado.

En otra ocasión, los hombres de mi padre pusieron dos poderosas bombas en la ruta hacia La Danta y la explosión partió en dos el vehículo en el que se desplazaba Isaza. Tampoco le pasó nada.

Enterado de sus reiterados fracasos, mi padre atinó a decir un día: "Ese hombre tiene más vidas que un gato".

No obstante, mi padre logró asestarles dos duros golpes a sus enemigos del Magdalena Medio. Lo hizo cuando ya estaba recluido en la cárcel de La Catedral y había logrado recomponer su aparato criminal. Así, el 20 de julio de 1991, cuatro semanas después de someterse a la justicia, un comando de tres hombres y una mujer asesinó a Henry Pérez durante la procesión a San Isidro, en Puerto Boyacá. Y en diciembre siguiente, en una emboscada en Puerto Triunfo, los sicarios de mi padre mataron a tiros a John Isaza, uno de los hijos de Ramón Isaza.

La desaparición de Henry Pérez como jefe máximo de las autodefensas del Magdalena Medio significó un ascenso para Ramón Isaza, que adquirió un enorme poder en la región. Su primera tarea consistió en enfrentar la embestida de mi padre y para hacerlo acudió a los métodos de contraguerrilla que había aprendido en el Ejército. De esa manera sus hombres empezaron a cubrir vastas extensiones del Magdalena Medio y lograron repeler las incursiones de decenas de hombres enviados a la zona por mi padre.

El aparato defensivo y de inteligencia de Isaza era más que eficiente porque lograba detectar la presencia de cualquier persona ajena a la zona y de inmediato era detenida. Todo sospechoso era abordado, y si no daba una explicación creíble de por qué estaba allí, era asesinado. Aunque él prefiere no aventurarse a decir cuántos hombres le mató a mi padre, una leve sonrisa y un largo silencio indican que no le parece exagerada la cifra de trescientos que yo manejo.

Tras la fuga de mi padre de La Catedral, Isaza se sumó a los 'Pepes' y desde el Magdalena Medio contribuyó a evitar que mi padre regresara a sus antiguos dominios. De igual manera, mantenía contacto directo con oficiales del Bloque de Búsqueda, a quienes les informaba de cualquier novedad en la región.

Así, con un largo camino ya recorrido y con sus cuentas prácticamente saldadas con la Justicia, aunque periódicamente debe asistir a audiencias en Bogotá y Medellín, Ramón Isaza mantiene una presencia muy activa en Doradal y Puerto Triunfo, los dos lugares emblemáticos desde los cuales mi padre se dio a conocer por su enorme poder económico y por su despiadado aparato criminal.

CAPÍTULO 4
Nuevas versiones de viejas historias

Ríos de tinta han corrido en los últimos 30 años alrededor de la relación que mi padre sostuvo con algunos líderes importantes del Movimiento 19 de abril, M-19. Se trata de nexos probados con el paso de los años, que han tenido diversas interpretaciones dependiendo del momento histórico que viva el país.

Redescubrir a mi padre me condujo a hacer nuevos hallazgos en torno a ese tema, que no lo dejan bien parado y, por el contrario, ponen al descubierto facetas de él que yo desconocía y que a lo largo de esta investigación me han generado un profundo desconcierto.

En la búsqueda de correr el velo de numerosos episodios que vivieron mi padre y el M-19, llegué a Otty Patiño, uno de los fundadores de esa organización subversiva, quien se mostró interesado en hablar sin tapujos conmigo acerca de lo que sucedió entre 1980 y 1991, periodo en que mafioso y rebeldes de izquierda se encontraron en ciertos momentos por diversos intereses.

Mi interlocutor resultó ser un hombre formado intelectualmente, muy bien dateado, amable aunque distante.

—Lo que le voy a contar sucedió así... —dijo Patiño, tajante—. No se trata de interpretaciones de los hechos, sino que los hechos ocurrieron de esa manera.

Patiño no podía ocultar cierto recelo por estar al frente del hijo de Pablo Escobar y muy pronto me di cuenta de que no quería entablar una relación conmigo, simplemente poner en blanco sobre negro algunos sucesos importantes de los que él fue testigo y que yo abordé en mi primer libro, *Pablo Escobar, mi padre*, publicado hace dos años.

Sin mayor preámbulo y como si hubiésemos establecido una agenda previa, empezamos a hablar del secuestro de Marta Nieves Ochoa, realizado por una célula del M-19 el 12 de noviembre de 1981 en Medellín. Ese episodio sería el primero de varios en que mi padre y esa organización subversiva se cruzaron. Como se sabe, ese plagio desembocó en el movimiento Muerte a Secuestradores, MAS, una organización clandestina creada exclusivamente para rescatar a Marta Nieves.

Según su relato, a comienzos de 1981 el M-19 afrontaba dos serios problemas: operativos por los golpes que había recibido y que se tradujeron en la captura de muchos de sus cuadros de mando, medios y de base; y económicos, porque las finanzas del movimiento iban de mal en peor. Por aquel entonces, el dinero que obtenía era por concepto de secuestro.

Para resolver dichas dificultades, desde la clandestinidad el jefe máximo del M-19, Jaime Bateman Cayón, se comunicó con Patiño —entonces comandante de la Regional del Café— y le pidió desplazarse a Bogotá con el doble objetivo de coordinar la precaria fuerza militar urbana del movimiento y enfocarla en el desarrollo de acciones económicas, es decir, realizar grandes secuestros.

—Bateman sabía que los secuestros eran política y socialmente dañinos, y por eso decía que había que hacer poquitos y ojalá de extranjeros. Pero que rindieran harta plata.

Patiño asumió la misión y no tardó en ordenarle a Elvencio Ruiz —un sociólogo y profesor que dejó Cali, su tierra natal, para participar también como cofundador del M-19—, que viajara a Medellín a realizar un gran secuestro. Por aquella época el M-19 carecía de una red urbana sólida en esa región del país, y aunque contaba con la simpatía de algunos sectores sociales que comulgaban con su tendencia política y con las audaces operaciones militares que había desplegado hasta entonces —como la toma de la Embajada de la República Dominicana y los robos de 4.000 armas del Cantón Norte y de la espada del libertador Simón Bolívar—, no tenía vocación de convertirse en una fuerza operativa armada.

Con el coraje que lo caracterizaba, Ruiz llegó a la capital de Antioquia y se encontró con un dilema: el proceso de descomposición del grupo Tendencia ML, que había llegado a tener muchos militantes en las comunas de Medellín. Y como el barco se hundía, algunos de sus integrantes empezaron a buscar espacio en las incipientes bandas de narcotraficantes o en las filas del M-19; otros más se mostraron dispuestos a apartarse de la vida política clandestina.

Luego de contactar a algunos de esos exintegrantes de Tendencia ML, Ruiz encontró un primer objetivo que bien podría engordar las arcas del movimiento: Pablo Escobar Gaviria, un hombre del que no existía mayor información, aunque en la calle ya corría el rumor de que se trataba de alguien con mucho dinero.

El primer contacto que le ofrecieron a Elvencio Ruiz para ubicar y secuestrar a Escobar fue un hombre del B-2 de la Cuarta Brigada del Ejército —inteligencia— que trabajaba para el capo. Eso no lo sabía Ruiz y cuando se encontró con el militar fue capturado y llevado hasta donde estaba Escobar.

Así, el guerrillero Elvencio Ruiz se encontró de frente con Pablo Escobar, ignorando por completo que se trataba del ya poderoso jefe del cartel de Medellín.

—¿Así pues, hombre, que usted era el que me iba a secuestrar? ¿Usted quién es, de dónde viene?

—Señor, somos del M-19 y nos dieron la orden de venir a Medellín a buscar dinero.

El diálogo entre mi padre y el subversivo fluyó por algunos minutos, hasta que, según relató Otty Patiño, sucedió algo inesperado.

—Yo no soy tan rico como les dijeron —señaló mi padre—; y además soy un hombre de izquierda. Aquí en Medellín hay gente rica de verdad, como por ejemplo los Ochoa.

—¿Quiénes son ellos? —indagó Ruiz.

—Tienen mucha plata, caballos, fincas...

Al final de la conversación, mi padre dejó en libertad a Ruiz y al despedirse le dio un fajo de dólares, al parecer diez mil. De inmediato, el subversivo regresó a Bogotá y buscó a Otty Patiño para contarle el sorprendente episodio que le había ocurrido en Medellín.

De todas maneras, Ruiz mantuvo el encargo de buscar dinero para el M-19 y por eso le quedó sonando la idea de secuestrar a uno de los integrantes de la familia Ochoa mencionada por Escobar. Entonces empezó a preguntar quién podía conocerlos. Al cabo de varias semanas la búsqueda dio resultado y Marta Helena Correa, una estudiante de la Universidad de Antioquia que había militado en Tendencia ML, recién incorporada al M-19 como activista secreta, reveló que era compañera de facultad de una joven conocida como Martha Nieves Ochoa y que en efecto integraba una reconocida familia de Medellín a la que a leguas se le notaba el dinero. En realidad, las dos estudiantes eran buenas amigas, más que compañeras de clase, al punto que Martha Nieves había sido muy solidaria cuando Marta Helena estuvo en la cárcel por pertenecer a Tendencia ML.

Tras varios días de seguimiento, a Martha Nieves la retuvieron tres hombres en las afueras de la Universidad y la confinaron en una finca cerca de Medellín. Pero lejos de entrar en una negociación, la familia dio señales inequívocas de que no estaba dispuesta a dar un solo peso por el rescate de Martha Nieves. Por el contrario, el M-19 se vio sorprendido porque de repente algunos integrantes del movimiento empezaron a aparecer asesinados y otros secuestrados. Sin explicarse lo que sucedía, pocas semanas después del plagio Marta Helena Correa huyó de Medellín y buscó a Otty Patiño y a otros dirigentes del M-19 en Bogotá y les hizo un completo recuento de la matanza que se estaba dando en esa ciudad por cuenta del secuestro de Marta Nieves Ochoa.

—Marta Correa se dio cuenta de que había hecho una gran embarrada no solamente con su amiga sino con su vida —recuerda Patiño.

Marta Correa estaba descompuesta y muy arrepentida porque por su culpa había ocurrido la retención de su compañera de estudios y ahora sus amigos en el M-19 eran masacrados por un grupo clandestino que buscaba rescatarla. Ni los secuestradores ni la cúpula del M-19 sabían que el MAS era coordinado personalmente por Pablo Escobar, quien contaba con la colaboración directa del paramilitar Fidel Castaño y otros mafiosos, y la ayuda soterrada de oficiales del Ejército y la Policía de Medellín que les suministraban la información de inteligencia que obtenían sobre ese caso.

En este momento de la conversación, Patiño hace una pausa en su relato para explicar que la situación personal de Marta Correa era muy difícil porque acababa de terminar una relación sentimental con Luis Gabriel Bernal, otro integrante del grupo subversivo. Para ayudarle a resolver sus problemas, Patiño la envió a Cali mientras bajaba la marea, al tiempo que dispuso el traslado a Medellín de una nueva célula guerrillera para que sacara a Marta Nieves Ochoa del sitio donde estaba encerrada y la ocultara en otro lugar. Patiño, entretanto, ocultó a Elvencio Ruiz en su casa en el barrio Ciudad Montes, al suroccidente de Bogotá.

—La persona que yo mandé no tenía base social en Medellín y por eso Marta Nieves estuvo en condiciones precarias, en un montecito.

Con todo, la estrategia funcionó porque el MAS perdió la pista de la secuestrada y prueba de ello son los avisos que la familia Ochoa publicó en varios periódicos en los primeros días de enero de 1982 —siete semanas después del secuestro— en los que ofrecía 25 millones de pesos de recompensa por información sobre el paradero de Martha Nieves.

La dirigencia del M-19 sabía que la señora Ochoa la estaba pasando mal, pero al menos estaba alejada de la estructura guerrillera que la había secuestrado y con ello el baño de sangre había mermado sustancialmente, aunque la implacable persecución continuaba.

La aparente normalidad de aquellos días fue rota por un episodio del que Otty Patiño escapó de pura casualidad. Sucedió cuando Luis Gabriel Bernal se encontró con él y le contó que Marta Correa había regresado de Cali y le había dicho que necesitaban hablar de su relación.

—Yo le dije no, hermano, no se vean, no se vean; yo no pensé en temas de seguridad sino en la inconveniencia de tener una relación tan conflictiva. Yo vi a Marta muy destrozada y ninguno de los dos se hacía bien. Le dije mire, estamos en una situación muy complicada para meternos ahora en problemas maritales, de pareja —explicó Patiño.

Bernal aceptó el consejo y Patiño se ofreció a recoger a Marta Correa cerca del parque de los novios en Bogotá, pero cuando se dirigía hacia allá recibió un mensaje de Jaime Bateman, quien le pidió hacer una gestión inmediata en otro lugar de la ciudad. Entonces Patiño le pidió a Ana, su esposa en aquel momento, que cumpliera la cita, llevara a Marta a un lugar seguro y él llegaría más tarde. Ella aceptó el encargo, pero cuando se desplazaba hacia allá con sus dos pequeños hijos, descubrió que alguien la seguía y cambió de rumbo, hacia el barrio Chapinero, donde intentó ocultarse en el baño de un almacén, con tan mala suerte que uno de los niños empezó a llorar y fue localizada por agentes encubiertos del B-2 —inteligencia militar—, que la detuvieron y le exigieron decir dónde vivía.

—Yo estaba esperando en el sitio previsto, pero como vi que no llegaba llamé a la casa y me contestó Elvencio Ruiz; le dije pilas, hermano, Ana no llegó, piérdase. Pero él no lo hizo, no le pareció que fuera algo grave y se quedó ahí. Es que Elvencio era muy fresco. Entonces el MAS y el B-2 llegaron a la casa con mi esposa y los dos niños y los reunieron con Elvencio.

Los militares y el MAS se los llevaron a un sitio indeterminado y los recluyeron en un cuarto oscuro; luego, durante horas le preguntaron a Ana si sabía algo del secuestro de Marta Nieves Ochoa, pero muy pronto se dieron cuenta de que no estaba enterada de nada porque ella no era militante activa del M-19.

El desenlace fue rápido: la familia de Otty Patiño quedó en libertad porque los militares comprobaron que no tenía que ver con el plagio de Marta Nieves. Marta Correa y Elvencio Ruiz fueron llevados por el MAS a Medellín y al cabo de varios días Marta apareció atada con cadenas a las puertas del periódico *El Colombiano*, con un letrero que la señalaba como secuestradora; y Elvencio fue abandonado con vida dentro de un costal.

Al cabo de esta cadena de acontecimientos, Marta Nieves nunca fue localizada por el MAS y la familia Ochoa se vio forzada a adelantar un proceso de negociación con el M-19 que terminó con el pago de un millonario rescate. Finalmente, fue dejada en libertad en Génova, Quindío, el 16 de febrero de 1982.

Para redondear esta parte de la charla, Otty Patiño hizo una especie de radiografía de mi padre a propósito de la frase que le dijo a Elvencio Ruiz en el sentido de que él era un hombre de izquierda:

—Pablo era un tipo muy, muy complicado; tenía alianzas con el Ejército pero le declaraba la guerra a la Policía; tenía amigos políticos tradicionales, como Bernardo Guerra, y al mismo tiempo pretendía tener amigos de izquierda; quería ser líder popular; tenía muchas aristas. Lo que sí es cierto es que tenía una diferencia con el cartel de Cali: mientras Miguel Rodríguez era el jefe de la Policía de Cali, Pablo era el jefe de los bandidos de Medellín. Y como jefe de los bandidos era un hombre con profunda raigambre popular. Era un rebuscador bravo que no tenía límites. A la larga, no tenía ni siquiera amigos.

* * *

La charla Otty Patiño en torno al secuestro y posterior proceso de liberación de Marta Nieves Ochoa parecía concluida, pero no. De acuerdo con su relato, meses después del asesinato del candidato presidencial por el M-19, Carlos Pizarro Leongómez, a manos de un sicario que en abril de 1990 lo baleó dentro de un avión en pleno vuelo cuando viajaba a Barranquilla, varios integrantes del desmovilizado M-19, entre ellos él, fueron comisionados por el Gobierno para investigar el crimen.

Recordamos que una vez fue cometido el crimen, y sin que mediara investigación alguna, los organismos de seguridad señalaron a mi padre como autor intelectual. Por eso traje a colación un comentario que él hizo recién se conoció el magnicidio.

—Grégory —así me decían en la familia—, no puedo siquiera desmentir eso, porque si salgo a aclarar que yo no fui me metería en una guerra con los Castaño. 'Carlitos' —Castaño— me llamó y me dijo: "Patrón, ese que nos lo anoten a nosotros".

Tras mi comentario, Patiño señaló que mientras avanzaba en las pesquisas para establecer las reales causas del homicidio de Pizarro, recibió un mensaje en el sentido de que la familia Ochoa estaba interesada en hablar personalmente con él. El encuentro fue autorizado y pocos días después Marta Nieves Ochoa recogió a Patiño en un lugar de Medellín y lo llevó directo a la cárcel de máxima seguridad de Itagüí, donde lo esperaban los hermanos Jorge Luis, Juan David y Fabio Ochoa Vásquez, quienes en diciembre de 1990 se habían sometido a la justicia.

—Creí que me iban a aportar datos sobre el asesinato de Pizarro, pues ya había desechado la posibilidad de que Pablo Escobar estuviera involucrado en forma directa, así el director del DAS, el general Miguel Maza, asegurara que había sido Pablo. Yo sabía que no había sido Escobar, pero no tenía idea de quién pudo ser, si tenemos en cuenta los poderes tan complicados de ese momento.

Luego de varios minutos de charla informal, los Ochoa y Patiño comentaron algunos detalles del secuestro de Marta Nieves casi una década atrás.

—Me saludaron los dos mayores, Jorge Luis y Juan David; empezamos a hablar y me dijeron: 'nosotros detuvimos a tu mujer y tus hijos y los tratamos bien, no les hicimos nada'. Yo les respondí que de eso era mejor no hablar.

Luego, los Ochoa soltaron una inusual propuesta:

—Queremos proponerles que incluyan a Martha Nieves en una lista de la Alianza Democrática M-19 para el Concejo de Medellín.

El planteamiento desconcertó a Patiño, quien atinó a responder que no podía decidir sobre ese tema y que haría la consulta en el seno del movimiento. La iniciativa finalmente no cuajó y Patiño y los Ochoa no volvieron a hablar.

* * *

A medida que avanzaba el encuentro con Otty Patiño y como el tema seguía siendo la investigación del asesinato de Carlos Pizarro, le pedí ahondar en un nombre que había mencionado varias veces: el de Fidel Castaño.

Estuvo de acuerdo y de entrada me dijo que en desarrollo de las investigaciones por el crimen de Pizarro, Álvaro Jiménez, dirigente del M-19, y él se encontraron con Fidel Castaño en la hacienda Las Tangas, el emblemático enclave paramilitar en el departamento de Córdoba, y sostuvieron una muy larga conversación.

Allí, y sin ahondar en más detalles, Castaño les confirmó con frialdad que él estuvo detrás del asesinato de Carlos Pizarro.

—Se lo pregunté a Fidel, pero como era un tipo orgulloso, seguramente le dio rabia mentir y me dijo que sí había tenido que ver en la muerte de Pizarro. Intenté indagar más pero ya no quiso responder. Insistí en saber quién lo mandó y respondió que la oligarquía. Luego me preguntó: ¿usted no sabe quién es la oligarquía? ¿Usted no lee los periódicos, no lee *El Tiempo*?

Patiño recuerda que Castaño entró en un largo silencio, que luego habría de llevarlos a otro tema, del que el país entero hablaba por aquellos días: el sometimiento a la Justicia de mi padre y su confinamiento en la cárcel de La Catedral en junio de 1991.

—Pablo perdió el año habiéndose entregado. Ese *man* perdió el año —dijo Fidel Castaño sin rodeos, y entendí que en el lenguaje narco eso significaba estar al pie de la tumba.

El comentario rompió el hielo de la conversación y Castaño, a quien Patiño y Jiménez percibieron como un hombre extraño y complejo, se animó a contarles una parte de su vida, que ellos desconocían. De entrada, la charla sirvió para derrumbar un mito: el de que los hermanos Fidel y Carlos Castaño le declararon la guerra a la subversión tras el secuestro y asesinato de su padre a manos de un frente de las Farc.

—Yo era el mayor de los 13 hermanos y mi papá, Jesús, era un hijueputa que nos trataba muy mal, como a unos esclavos, y nos ponía a trabajar de sol a sol. Por eso éramos felices yendo al colegio —explicó Castaño a sus interlocutores.

Luego relató que a los 14 años escapó de su casa y se fue a vivir a Georgetown, capital de Guyana, en busca de un futuro mejor. Y lo encontró, porque se dedicó al comercio de diamantes, que en muy poco tiempo le dieron ganancias suficientes para viajar a Europa, donde se relacionó con influyentes miembros de la comunidad israelí. Tras un corto periodo en el exterior —prosiguió Castaño—, donde consiguió ahorrar algo de dinero, regresó a Colombia y le dio una especie de golpe de Estado a su maltratador padre y no solo se convirtió en jefe de la familia sino que lo primero que hizo fue vender la finca en Amalfi, Antioquia, donde habían vivido toda la vida, e instalarse todos en una hacienda en Córdoba.

Fue en ese momento en que —según relató el propio Fidel Castaño— se relacionó con algunos narcos de Antioquia que recién empezaban a incursionar en el negocio de procesar pasta traída desde Bolivia para transformarla en cocaína. Ahí conoció a mi padre y él y dos de sus hermanos empezaron a viajar a ese país y a Perú para proveerlo de los insumos requeridos para la producción de cocaína a gran escala. En poco tiempo, los Castaño se hicieron ricos, al tiempo que Fidel estableció una estrecha cooperación con oficiales del Ejército en Córdoba, quienes le dieron patente de corso para matar cuatreros y guerrilleros. En medio de ese escenario fue que a comienzos de los años ochenta del siglo pasado se produjo el secuestro del papá de los Castaño, por varios hombres de las Farc que se lo llevaron de la finca que Fidel había comprado.

Temerosas de que los guerrilleros asesinaran a Jesús, Rosa Eva, la esposa, y varias de sus hijas, le rogaron a Fidel que pagara el rescate, pero este se mostró renuente con el argumento de que no iba a financiar las actividades de la subversión. No obstante, las insistentes súplicas surtieron efecto y él accedió a entregar una fuerte suma de dinero, pero su padre no solo no fue devuelto sino que los secuestradores exigieron más dinero. Castaño insistió en no pagar un nuevo rescate y poco después logró establecer que hacía varias semanas su padre había muerto.

—En conclusión, Fidel Castaño ya era paramilitar cuando las Farc secuestraron a su padre, a quien se llevaron porque la fortuna de los Castaño ya era visible —sostuvo Patiño.

A manera de anécdota y ya para terminar el comentario sobre Fidel Castaño, Patiño contó que Carlos Pizarro siempre fue partidario de que en Colombia se avanzara en un proceso de paz que incluyera todos los actores ilegales, sin dejar por fuera a los narcotraficantes. En ese sentido, recordó, Pizarro le envió un mensaje a mi padre, quien respondió que estaba listo a sentarse en una mesa de negociación amplia. Pero la idea se frustró porque Castaño la saboteó.

—Fidel era un alfil de un sector social y militar muy reacio a la paz. Ellos fueron los que determinaron la muerte de Pizarro.

* * *

La ya larga conversación con Otty Patiño, que cada vez se veía más distensionado, nos condujo a un asunto no solo muy espinoso sino que con el paso de los años para él y para el M-19 se ha convertido en una especie de punto de honor: el robo y posterior devolución de la espada del Libertador Simón Bolívar.

¿Por qué? Porque entre el hurto del preciado símbolo en enero de 1974 —que significó el primer gran golpe del naciente M-19— y el complejo proceso de devolución 17 años después, en algún momento estuvo inmiscuido mi padre.

La charla con mi interlocutor se centró entonces en un episodio que conté en mi primer libro, *Pablo Escobar, mi padre*, relacionado con ese tema, en el sentido de que mi padre me regaló una espada que según dijo era del Libertador Simón Bolívar y años más tarde me pidió que se la devolviera porque tenía que regresársela a quienes se la habían dado.

Antes de que Patiño empezara a hablar de ese episodio, le reiteré que mi padre me contó muchas de sus fechorías y que de cierta manera a lo largo de los años yo había asumido que el regalo de la espada de Bolívar era real.

Los comentarios que habrían de venir por parte de Patiño respecto de mis palabras resultarían muy reveladores, porque se decidió a contar lo que según él sucedió con la espada desde el momento del robo en la Quinta de Bolívar, en pleno centro de Bogotá.

—Eso es falso, no porque usted no haya tenido una espada en sus manos ni porque su papá no le haya dicho 'vea, Grégory, esta es la espada de Bolívar'. No sé por qué lo hizo su papá, a lo mejor alguien lo estafó, aunque era difícil engañar a Pablo Escobar, y le dijo le vendo la espada de Bolívar; de pronto él la compró, no sabía qué hacer con ella y se la dio a usted. Es difícil, pero es una posibilidad. Lo que sí es cierto es que esa no era la espada de Bolívar, no fue la que sacamos nosotros de la Quinta. Por eso le voy a contar esta historia: después del robo de las armas del Cantón Norte, además de los interrogatorios a los detenidos y a los torturados para ver quién tenía armas y dónde estaban, la pregunta más importante que hacían era dónde estaba la espada de Bolívar y dónde estaba Jaime Bateman. Bateman supo eso y dijo yo cuidaré mi vida, pero la espada de Bolívar hay que sacarla del país. La espada estaba en Bogotá y entonces contactamos a los cubanos y se la entregamos al entonces embajador de Cuba en Colombia, Fernando Ravelo. Los cubanos la recogieron y la guardaron en la embajada en Bogotá. Yo participé en eso. ¿Qué pasó después? Cuando un comando del M-19 fue entrenado en Cuba para hacer la invasión por Chocó y Nariño, el gobierno de Julio César Turbay rompió relaciones con La Habana. Por eso la primera orden que recibieron los cubanos fue sacar la espada. Así lo hicieron y la llevaron a Panamá y se la entregaron al general Ómar Torrijos. En ese país estuvo un tiempo y después de la muerte de Torrijos la tuvieron otra vez los cubanos, esta vez en la embajada de Cuba en Panamá. Lo que quiero significar con esto es que una vez la sacamos de Colombia, la espada solo regresó el día que la devolvimos.

En este punto del relato, Otty Patiño se refiere a un reciente encuentro que sostuvo en Cuba a propósito de la celebración de los 25 años de la desmovilización del M-19. Allí se reunió con Fernando Ravelo y Alberto Cabrera —primer secretario de la embajada cubana en Panamá— y recordaron el recorrido final de la espada. Ellos pertenecían al Departamento América, una dependencia del gobierno de Cuba con sede en La Habana.

—Cabrera recordó que estaba en Panamá cuando se produjo la invasión de Estados Unidos de diciembre de 1989 para llevarse al general Manuel Noriega y en la embajada estaba la espada. Entonces llamó a Manuel 'Barbarroja' Piñeiro, jefe del Departamento América, y le preguntó qué hacer con 'el tenedor', si lo botaban o qué hacían. 'Tenedor' era como le decían a la espada. Barbarroja dijo 'no, usted se muere pero lo traen'. Como ya tenían que salir de Panamá por avión y los gringos se habían tomado el aeropuerto de Ciudad de Panamá, Cabrera embutió el 'tenedor' en unas cobijas y lo sacó de Panamá en la valija diplomática.

Con la espada a buen recaudo en La Habana y cuando ya el M-19 había formalizado su desmovilización y regreso a la vida civil, varios congresistas, entre ellos el representante a la Cámara, Pablo Victoria, empezaron a fustigar a

Antonio Navarro Wolff, uno de los antiguos comandantes del M-19, quien acababa de ser nombrado ministro de Salud por el presidente César Gaviria, para que devolviera la espada. Navarro y Patiño hablaron del asunto y tomaron una decisión de fondo:

—A Navarro empezaron a joderlo. Entonces dijimos, devolvamos esa verraca espada. Como en ese entonces no había embajada de Colombia en Cuba, viajé a Caracas y me entrevisté con el embajador cubano en Venezuela y le dije que necesitábamos la espada. La razón que enviaron los cubanos fue que Navarro tenía que ir personalmente. Navarro fue y la trajo y yo la tuve en mi casa hasta cuando se la entregamos al Gobierno. Es por eso que resulta imposible que alguien depositara semejante confianza política en Pablo Escobar. El mayor símbolo que tenía el M-19 era la espada, como para transferirle semejante dignidad a una persona como su papá.

Finalmente, el 31 de enero de 1991 y en medio de una ceremonia especial, los excomandantes del M-19 le entregaron la espada al presidente Gaviria. Pero con una condición:

—Le pusimos como condición a Gaviria que no la fueran a poner en un sitio inseguro, porque las Farc podrían robarla de nuevo y decir que la habían vuelto a recuperar. Como ellos nos trataban de traidores, podían decir 'mire lo que tenía el M-19'. Teníamos esa inquietud. Entonces el gobierno la guardó en una bóveda del Banco de la República.

* * *

La reveladora historia sobre el trasiego de la espada de Bolívar fue seguida de otra aún más impresionante: la toma del Palacio de Justicia en noviembre de 1985.

En la charla conmigo, Otty Patiño está determinado a desmitificar la leyenda construida a lo largo de los años en torno al papel que mi padre jugó en aquellos trágicos sucesos.

Así, la idea original de tomarse el Palacio de Justicia fue de Álvaro Fayad, comandante del M-19 por aquel entonces, quien actuó movido por el duro golpe que recibió la organización con la muerte de Iván Marino Ospina a manos del Ejército en agosto de 1985. El accidentado proceso de paz que se adelantaba con el presidente Belisario Betancur recibía un nuevo y letal golpe y por ello Fayad creyó que había llegado la hora de sacudir el tablero y forzar al gobierno a retomar los diálogos.

—Era claro que Belisario había perdido el interés en el proceso —explica Patiño—. La toma era una manera de forzarlo a continuar dialogando, porque un proceso de paz sin diálogo está muerto y cada vez había más acciones de parte y parte y por eso estaba cada vez más roto. La única manera de salvarlo, y eso lo veía con claridad Fayad, era realizar la toma. La idea era hacer una denuncia pública, porque había demasiadas mentiras difundidas por los medios, el Ejército, e incluso el mundo político, sobre lo que había pasado durante todo ese tiempo en torno al proceso.

Patiño no participó en el diseño de la operación, pero se enteró de sus detalles por casualidad:

—En aquel momento yo trabajaba en la oficina de propaganda del M-19, cuando me buscó Alfonso Jacquin y luego de contarme que el Palacio de Justicia sería tomado por un comando bautizado 'Iván Marino Ospina' —del que él era segundo al mando—, me pidió ayuda para redactar un comunicado sobre esa operación. 'Otty, hagámosle propaganda a eso... qué tal que nos maten y no se sepa nada', me dijo.

De esa conversación surgió el famoso y extenso comunicado titulado "Operación Antonio Nariño por los derechos del hombre", que planteaba numerosas exigencias al gobierno y urgía la presencia en la Corte Suprema de Justicia "del presidente Belisario Betancur o de su delegado, para que responda de manera clara e inmediata a cada una de las acusaciones contra el actual Gobierno". Según le dijo Jacquin a Patiño, varios de los responsables de la toma, como Andrés Almarales, Luis Otero y Elvencio Ruiz, eran partidarios de obligar al Presidente a dialogar con ellos y hacerle un juicio público.

Una vez producida la toma quedó planteada la diferencia de enfoque entre quienes idearon la toma y quienes la ejecutaron. Patiño tiene claro lo que sucedió:

—Las personas que hicieron la operación, entre ellos Andrés Almarales y Luis Otero, determinaron que se iban a tomar el Palacio para obligar a Belisario Betancur a interlocutar y de paso hacerle un juicio, pero esa no era la idea de Fayad. Cuando Fayad escuchó el comunicado titulado "Operación Antonio Nariño por los derechos del hombre", se preocupó y me dijo por radio 'oiga, hermano, trate de comunicarse con el Palacio de Nariño y diga que no, que la idea es hablar con el presidente, pero no más'. Intenté mandar la razón pero no lo logré, aunque supe que Fayad sí pudo enviar el mensaje a través de otras personas en el sentido de que no habría juicio al Presidente porque esa no era la idea original. Ese fue un 'papayazo' que dio pie a la retoma, a la violenta y rápida retoma, aunque la operación militar se habría dado de todas maneras ya que el M-19 había generado una rabia muy fuerte en el Ejército debido a que se había ejecutado el atentado contra el comandante del Ejército, el general Rafael Samudio, se había incursionado brutalmente en el batallón de Armenia e intentado destruir varios tanques de guerra en Ipiales, Nariño. Se habían hecho muchas cositas y el Ejército sentía que nosotros éramos el enemigo; entonces, cuando se produjo la toma, ellos dijeron listo, vamos por ellos, acabemos con ellos al costo que sea.

Sobre el papel de mi padre en la toma, Patiño tiende a bajarle el tono. Su versión sobre ese punto es la siguiente:

—La narcotización de la toma del Palacio ha sido de las cosas más complicadas, una leyenda negra con la que toca lidiar todavía y tiene que ver con el incendio y destrucción de los expedientes sobre la extradición. Para hacer eso bastaba una bomba incendiaria puesta por un comando, con la certeza de que hacía el mismo daño y más. O que Pablo Escobar metiera un carro en el sótano y volara el edificio, y se acabó el cuento. Creo que Pablo Escobar se valió de alguna información bien fuera porque tenía a alguien infiltrado o porque alguien imprudentemente se lo contó y utilizó eso para decir que él financió la operación y luego cuando se produjo lo que se produjo sacó pecho y dijo miren lo que hice. Él tenía un alto sentido de la oportunidad y decir que financió la toma le daba prestigio y capacidad militar.

* * *

La conversación con Otty Patiño derivó entonces hacia la Asamblea Nacional Constituyente que entre 1990 y 1991 modificó la vieja Constitución de 1886 y dio paso a una nueva Carta Magna. Hablar de ese tema era más que pertinente porque la Constituyente eliminó la extradición del ordenamiento jurídico, en una decisión que por años ha sido atribuida a los carteles de la droga de Cali y Medellín porque claramente los capos Miguel y Gilberto Rodríguez Orejuela, José Santacruz Londoño, Hélmer 'Pacho' Herrera y, por supuesto, mi padre, al igual que el resto de narcos de Colombia, se sintieron ganadores.

Patiño, por su parte, tiene su propia versión de lo que sucedió en aquella época, que tuvo la particularidad de que mi padre se sometió a la justicia cuatro horas después de que una abrumadora mayoría eliminó la extradición de la Constitución Nacional.

En lo que tiene que ver con el M-19, Patiño explica que el recién desmovilizado grupo guerrillero llegó a la Constituyente a través de una lista integrada por candidatos de diversas vertientes. A manera de ejemplo, citó los casos de María Mercedes Carranza y Carlos Ossa Escobar, quienes obtuvieron escaños en representación del movimiento del extinto candidato presidencial Luis Carlos Galán y desde el primer momento anunciaron que eran partidarios de la extradición.

Una vez empezó a deliberar la Asamblea Constituyente, la extradición pasó a estudio de dos comisiones: la primera y la de asuntos políticos, donde muy pronto empezó a notarse una tendencia favorable a su hundimiento. Una de las razones por las cuales el establecimiento impulsó la Constituyente fue para fortalecer la justicia colombiana, incapaz de combatir con eficacia al crimen organizado. La extradición era mirada entonces como un mecanismo subsidiario que compensaba las debilidades estructurales de la justicia, de modo que lo natural era, una vez reformada la estructura judicial, suprimir la extradición. Así lo entendía la gran mayoría de los constituyentes de todas las tendencias.

A medida que avanzaban las discusiones y la extradición copaba la atención del país entero, la bancada encabezada por Antonio Navarro dejó en libertad a sus constituyentes para votar a conciencia. Ya en aquel momento era evidente que los carteles de Medellín y Cali ejercían presión, pero también Estados Unidos, que hacía *lobby* en privado, advirtiendo los riesgos de favorecer a la mafia si era eliminado el único instrumento que la hacía temblar.

De parte de los barones de la droga del Valle la figura más visible era el constituyente Armando Holguín Sarria, reconocido asesor de los hermanos Miguel y Gilberto Rodríguez Orejuela. No obstante, Patiño sostiene que nunca lo vio acercarse a algún constituyente a preguntarle cuál sería el sentido de su voto.

—Una vez sesionamos las comisiones primera y de asuntos y políticos y el señor Holguín propuso una votación informal para saber quiénes estaban a favor de la extradición; pero yo me opuse y le dije que no olvidara que la votación de ese tema sería secreta. Yo estaba en contra de la extradición, pero aun así Holguín me miró feo y se quedó callado. Fue la única vez que lo vi tratando de demostrarles a los Rodríguez Orejuela que él estaba haciendo la tarea. La votación al comienzo de los debates era abrumadoramente en contra de la extradición. Si los mafiosos podían torcer dos o tres votos era mucho, pero nada decisivo.

La ficha de mi padre en la Constituyente era el abogado Humberto Buitrago, el famoso 'HB Buitrago', quien en palabras de Patiño empezó a 'boletearse' desde el primer momento en que apareció en los pasillos del Centro de Convenciones de Bogotá, sede de las deliberaciones de la Asamblea Constituyente. 'HB', dice, era tan descarado que ofrecía de viva voz varios millones de pesos a quien votara en contra de la extradición.

—Pero mire esta otra historia. Nosotros, los del M-19, teníamos conversaciones con gente de las autodefensas del Magdalena Medio y esas autodefensas, que luego fueron utilizadas en la guerra contra Escobar, nos dijeron que querían participar en la Constituyente porque habían tomado la decisión de desmovilizarse. Entonces consulté con Antonio Navarro, quien habló con otra gente que no venía del M-19, como Carlos Ossa, y acordamos decirles a las autodefensas que pusieran a alguien que no tuviese antecedentes penales ni hiciese parte de sus grupos operativos.

Entonces, las autodefensas designaron como candidato al médico Augusto Ramírez Cardona, quien posteriormente protagonizaría el famoso escándalo del narcovideo de la Constituyente, un oscuro episodio en el que 'HB' fue grabado cuando le entregaba 2,5 millones de pesos. La historia contada por Otty Patiño es la siguiente:

—Ramírez era un médico al que Henry Pérez —comandante de las autodefensas de Puerto Boyacá— le dijo 'váyase para la nevera a ver qué hay allá'. Pero Ramírez nunca hizo una intervención de nada, no hablaba para nada, era un bobazo. Pero a él le llegó 'HB' y le dijo que le ofrecía plata por el voto contra la extradición. Entonces Ramírez le contó a Henry Pérez y este a la Policía —que estaba muy articulada con la CIA— y acordaron que recibiera la plata y ellos harían la grabación del soborno en el Tequendama, donde nos alojábamos los constituyentes. Ahí montaron el narcovideo. Nosotros nos enteramos porque Ariel Otero, segundo de Pérez y asesor de Ramírez, le contó a Álvaro Jiménez, un hombre nuestro, quien a su vez me reveló lo que pasaba. Entonces yo me reuní con Ariel Otero fuera de Bogotá y le dije 'mire, estamos en son de paz y ustedes están metiendo la guerra en la nueva Constitución. ¿Cómo hacen eso? Dimos muestras de confianza, aceptamos que metieran a un tipo como ese, con el riesgo que ello significa y mire lo que estaba haciendo, prestarse para invalidar la Constitución del 91 mostrando que fue comprada por los narcos. ¿Cómo hacen esa vaina? Luego de conocerse el soborno al constituyente Ramírez, en un acto de vanidad los carteles de Cali y Medellín enviaron mensajes cifrados en los que le hicieron saber al país que habían comprado la no extradición. Pero los años han demostrado que no fue así. La mayoría de 51 sufragios en contra de la extradición fue abrumadora —resume Patiño, visiblemente irritado.

Luego, Otty Patiño hace una pausa, toma un largo trago de agua, el último que queda en el vaso, señal de que el encuentro conmigo está por terminar. Pero su gesto indica que no se quiere ir sin hablar de un último tema: el atentado contra Antonio Navarro Wolff en mayo de 1985 en Cali.

Como se sabe, Navarro resultó gravemente herido cuando un hombre lanzó una granada hacia una cafetería en la que se encontraba con los también guerrilleros Carlos Alonso Lucio y Eduardo Chávez. Navarro llevó la peor parte, pues la onda explosiva destrozó su rodilla izquierda y dañó parcialmente sus cuerdas vocales.

Al respecto, le recordé la versión que alguna vez me contó mi padre —que aparece publicada en mi primer libro—, en el sentido de que el autor del atentado fue Héctor Roldán, un narcotraficante propietario del concesionario Roldanautos de Cali, el mismo que estuvo a punto de ser padrino de mi hermana Manuela, pero mi madre se opuso. Él y mi papá se habían hecho muy cercanos porque compartían su afición por las carreras de carros y se habían conocido en la Copa Renault de 1979. Según mi padre, Roldán era muy afín a los altos mandos militares del Valle y actuó contra Navarro en retaliación por un ataque que esa mañana la guerrilla ejecutó en esa ciudad contra un bus que transportaba soldados.

Una vez terminé el relato, Patiño replicó:

—Yo sé quién fue el que lanzó la granada y sé con toda seguridad que fue una orden del Ejército. La granada la tiró un muchacho de apellido Espinosa, que había sido miembro nuestro. Era de Yumbo y lo habíamos tenido en un curso guerrillero pero resultó muy malo y por eso lo echamos. Parece que quedó muy resentido y se fue al Ejército y se convirtió en informante. Era tremendamente flojo. El atentado a Navarro se origina cuando una fracción del M-19 se puso a hacer tonterías y emboscó un bus del Ejército; en retaliación, los militares utilizaron a ese muchacho para lanzar la granada. Lo sé porque en esa misma cafetería, además de Navarro y Lucio, estaba Eduardo Chávez, que lo conocía y vio cuando Espinosa aventó la granada.

Así, dos horas después terminó el importante encuentro con Otty Patiño, el antiguo comandante del M-19. Fue una charla amena y franca en la que al final quedó de presente que cada quien jugó un papel determinante en ese momento crucial de la historia de nuestro país.

CAPÍTULO 5
Santofimio

Conservo un recuerdo lejano de Alberto Santofimio Botero. Lo había visto no más de cuatro veces cerca de mi padre, cuando yo tenía seis años de edad y los dos estaban metidos de lleno en la arena política, y los discursos en la plaza pública, la vida social y los paseos iban de la mano.

La guerra, el exilio y el paso del tiempo harían aún más borrosa la imagen de Santofimio, y desde la distancia observaría que su futuro estaba más que enredado por cuenta de su relación con mi padre y su supuesta intervención en el asesinato del candidato presidencial Luis Carlos Galán en agosto de 1989. Por cuenta de ello la justicia colombiana lo condenó a una larga pena de prisión y la única salida que le queda es lograr algún pronunciamiento a su favor en tribunales internacionales.

Hace dos años escribí un extenso párrafo en mi primer libro en el que sostuve que no pretendía absolver, condenar o confrontar con nadie, pero me parecía difícil que mi padre le hubiese hecho caso a una sugerencia suya para asesinar a Galán. Y planteé dos razones para dudar de su culpabilidad: porque mi padre tomaba sus decisiones sin preguntarle a nadie y porque en la época del magnicidio calificaba a Santofimio como traidor porque había establecido alianzas con los capos del cartel de Cali, a sabiendas de que estos le habían declarado la guerra a mi padre con el atentado al edificio Mónaco, el 13 de enero de 1988.

De regreso por intervalos a Colombia a adelantar la investigación para este libro, a mediados de junio me encontré en Bogotá con un abogado, viejo defensor de mi padre y conocido de Santofimio, quien conocía apartes de su defensa, y comentamos el asunto.

De entrada puedo decir que leyendo la defensa que en su momento planteó Santofimio, siempre se esforzó en desligarse de mi padre y en demostrar que sostuvieron una relación de escaso año y medio en la que no se vieron más de una docena de veces. Para él las fechas son fundamentales porque le permiten demostrar que hacía rato se habían distanciado y por lo tanto era imposible que tuviese algún tipo de responsabilidad en el asesinato de Galán. Según el calendario, todo indica que tiene razón, pero la justicia no le creyó y por eso fue condenado en última instancia a purgar 24 años de prisión.

En la relación entre Santofimio y mi padre son muy importantes dos momentos de aquella época: el día que Santofimio lo conoció y la última vez que hablaron.

Santofimio y mi padre se vieron por primera vez durante una manifestación en Puerto Berrío, Antioquia, para impulsar la campaña presidencial de Alfonso López Michelsen en 1982. Mi padre ya era representante suplente a la Cámara y coincidieron en esa gira política.

La historia de cómo se alejaron es un poco más larga y guarda estrecha relación con el momento político que se vivía entonces.

La precandidatura presidencial de Santofimio fue derrotada en la Convención Liberal de Medellín y López

Michelsen salió elegido candidato presidencial para su reelección. En esa convención mi padre no estuvo presente. Mucho se ha hablado sobre el supuesto ingreso de mi papá a la política a través de Santofimio, pero lo cierto es que se inició al lado de Jairo Ortega en el Movimiento de Renovación Liberal, MRL, organización que adhirió al Nuevo Liberalismo, movimiento de Luis Carlos Galán, para la elección al Congreso de 1982. Santofimio militaba en Alternativa Popular.

En efecto, contra la opinión de mi abuela Nora y de buena parte de mi familia materna, mi padre había aceptado que incluyeran su nombre en el segundo renglón de una lista que aspiraba llegar a la Cámara de Representantes por el MRL.

La campaña tomó impulso y mi padre convocó varias concentraciones públicas en las que hablaba de reivindicar a los más pobres, de luchar contra la pobreza, pero su discurso siempre derivaba en arengas contra la extradición a Estados Unidos y la exigencia de derogar el tratado suscrito por los dos países en 1979. Una de esas reuniones se desarrolló en el barrio La Paz, en Envigado, donde vivíamos, a la que asistieron mil personas; subido en el techo de un automóvil Mercedes Benz, mi padre hizo una emotiva proclama en la que dijo que conservaba un especial cariño por ese lugar y se comprometió a trabajar desde el Congreso por los pobres de Antioquia.

El dinero del narcotráfico le sirvió a mi padre para aceitar su candidatura y por ello creó Medellín sin Tugurios —una entidad que alcanzó a construir mil de las cinco mil viviendas gratis que proyectaba entregarles a las familias más pobres—, inauguró más de una veintena de canchas de fútbol en sectores deprimidos y sembró más de cien mil árboles en las montañas que rodean el Valle de Aburrá.

Aunque en ese momento no se conocían, desde distintos escenarios mi padre y Santofimio compartieron su discurso en contra de la extradición. Mi papá fue especialmente activo en esa cruzada y organizó numerosas reuniones en la discoteca Kevin's de Medellín y en el restaurante La Rinconada del municipio de La Estrella. Esos encuentros fueron bautizados con el pomposo nombre de Foro Nacional de Extraditables. Fue tanto el impulso que tuvo el discurso de mi padre en torno a la extradición que logró convocar en Medellín a medio centenar de mafiosos de todo el país para convencerlos de luchar unidos contra la extradición. Allí fue donde apareció la presentadora de televisión Virginia Vallejo, quien fungió como moderadora de varios de esos debates y ello le permitió conocer a los mafiosos más importantes de Colombia. En ese momento Santofimio sostenía públicamente que la extradición parecía un instrumento extremo para juzgar a los colombianos en otras legislaciones, lejos de la patria y de su idioma, y consideraba que había culpables, pero también muchos inocentes.

No obstante, la campaña al Congreso habría de sufrir un revés en febrero de 1982, cuando en un discurso en la Plaza de Berrío en Medellín, Luis Carlos Galán rechazó la adhesión formal del Movimiento de Renovación Liberal al Nuevo Liberalismo con el argumento de que debían establecerse los antecedentes y el origen del dinero del hombre que aparecía como suplente en la lista de aspirantes a la Cámara. Es decir, se refería a mi padre.

Pero lejos de amilanarse, mi padre y Ortega encontraron otros respaldos políticos, incluido el aval del Partido Liberal y se lanzaron a conquistar a los electores; y no tuvieron mayores dificultades porque el 14 de marzo siguiente los dos salieron elegidos con una copiosa votación, principalmente en Medellín y el Valle de Aburrá.

Una vez cumplido el sueño de convertirse en congresista, mi padre participó activamente en algunas concentraciones convocadas por el candidato presidencial Alfonso López Michelsen, quien buscaba llegar por segunda vez a la jefatura del Estado.

En las escasas diez semanas de diferencia entre la elección de Congreso y de Presidente —convocadas para el 30 de mayo—, mi padre coincidió en varias correrías con el entonces senador Santofimio, con Jairo Ortega, y con el también representante Ernesto Lucena, entre otros políticos. Es por eso que los tres aparecen en numerosas fotografías, que según la defensa de Santofimio han sido utilizadas para atarlo a mi padre.

Poca referencia se hace a las fechas de las fotos en las que aparecen juntos; por ejemplo, la foto de la Plaza de Toros de La Macarena fue en marzo de 1983, y en ese mismo evento se encontraban Jairo Ortega, como era natural, y asistieron Alberto Uribe, Fabio Ochoa y algunas reinas de distintos lugares del país; todo era a beneficio de Medellín Sin Tugurios; es que mi padre tenía relación con obispos, como los monseñores Alfonso López Trujillo y Darío Castrillón, así como con la clase política; otras fotos fueron tomadas en una gira política por el Magdalena Medio, que terminó con un almuerzo y luego con un paseo por Río Claro donde mi papá hizo la exhibición de sus nuevos aerobotes.

Si treinta años después se juntan todos los hechos y no se contextualizan, es comprensible que a muy pocos les queden dudas de que el jefe del cartel de Medellín y el controvertido político tolimense tuvieron una relación que nadie niega, aunque fue mucho más breve de lo que se dice.

Otro evento en el que confluyeron Santofimio y mi padre sucedió en octubre de 1982, cuando el Congreso de Colombia escogió una comitiva de representantes y senadores para asistir a la jornada electoral en la que Felipe González fue elegido nuevo jefe de gobierno de España.

Santofimio era Senador y fue enviado con Raimundo Emiliani Román y Víctor Cárdenas en representación de ese cuerpo legislativo. Mi papá fue en nombre de la Cámara de Representantes. Juntos viajaron a Madrid en vuelo comercial. A la celebración del triunfo de González en el lujoso hotel Palace de Madrid asistieron todos los congresistas invitados y allí fue tomada la famosa foto en la que aparecen Santofimio, mi papá y otros personajes. Luego fueron a otra recepción con el torero Pepe Dominguín y en otra más se encontraron con los periodistas Enrique Santos y Antonio Caballero.

Pero la vida política de mi padre habría de terminar más temprano que tarde por cuenta del agudo enfrentamiento que sostuvo con el ministro de Justicia, Rodrigo Lara, y por la inesperada y demoledora publicación en el diario *El Espectador* de una noticia que daba cuenta de la captura de mi padre y de otras cinco personas en 1977, en un caso relacionado con un cargamento de cocaína decomisado por agentes del DAS en la frontera con Ecuador.

Las acusaciones de Lara respecto de la aparición de los llamados 'dineros calientes' en la política, así como la confirmación de que mi padre era un narcotraficante, lo pusieron contra las cuerdas y no le dejaron otra opción que pensar en retirarse de la arena política. Pero antes era necesario que renunciara a la inmunidad parlamentaria, y si no lo hacía debía ser investigado por la Comisión de Acusaciones de la Cámara de Representantes.

Entonces Santofimio, en calidad de jefe del grupo parlamentario Alternativa Popular, al que habían adherido Jairo Ortega y mi padre ya elegidos como congresistas, se vio forzado a ir a Medellín a pedirle que abandonara su curul. Como Jairo Ortega había dejado entrar a mi padre a la Cámara, Santofimio no podía pasar de agache porque se trataba del suplente de un miembro principal de ese grupo.

Entonces Santofimio tomó la decisión de ir a Medellín a hablar con mi papá para pedirle que se retirara de la política y renunciara a la inmunidad parlamentaria para defenderse como ciudadano. Era septiembre de 1983. Llevaba un documento redactado, pero mi padre respondió que él escribía sus cosas y que no iba a permitir que nadie se las escribiera. Santofimio salió de allí sin conseguir la firma de mi padre y desde entonces no volvieron a tener relación alguna.

En su abierta intención de mostrar una distancia con mi padre, Santofimio ha sostenido que en aquella época fue engañado porque se lo presentaron como empresario y líder social y no se sabía que tuviese antecedentes penales. En realidad, en ese momento mi padre no tenía enredos judiciales. Por el contrario, el hecho de estar al frente de Medellín Sin Tugurios, de desarrollar actividades de carácter social y de construir canchas deportivas, le garantizaban aceptación y protagonismo en la sociedad.

La defensa planteada por Santofimio, según he leído y lo conversé con el abogado con quien me encontré en Bogotá, se dio a la tarea de describir los encuentros y desencuentros con Rodrigo Lara Bonilla y con el jefe del Nuevo Liberalismo, Luis Carlos Galán Sarmiento. Explicó que fue amigo de juventud de Lara, que coincidieron en las juventudes del Movimiento Revolucionario Liberal y que asistieron a concentraciones políticas en el departamento del Huila, la tierra de Lara. Según ha indicado Santofimio, la cercanía política con Lara se deterioró porque este fue enemigo de la candidatura reeleccionista de López Michelsen y se abstuvo de asistir a la Convención Liberal en Medellín. Fue entonces cuando Galán lanzó su candidatura en Rionegro, acompañado por Lara.

Pero las cosas habrían de cambiar dramáticamente cuando Lara fue nombrado por el presidente Belisario Betancur como Ministro de Justicia. La confrontación con mi padre estaba planteada y cada uno jugó sus fichas: por un lado, el Ministro empezó a hablar de 'dineros calientes' en la política y la emprendió contra el representante Pablo Escobar. Por el otro lado, mi padre empezó a mover sus fichas para sacar del ruedo político al Ministro. Y lo hizo a su estilo, con una encerrona a través de los representantes Jairo Ortega y Ernesto Lucena, quienes promovieron un debate de la oposición al gobierno de Betancur al que asistieron el ministro de Gobierno, Alfonso Gómez Gómez y el procurador, Carlos Jiménez Gómez. En medio de la discusión, Ortega y Lucena dieron a conocer la existencia de un cheque de un millón de pesos entregado a Lara por el narcotraficante Evaristo Porras, aliado de mi padre.

El descuido de Lara de no percatarse que su campaña estaba siendo infiltrada por la mafia de mi padre, fue una carta que siempre jugó en su contra. Era claro que Lara había caído víctima de las trampas de mi papá.

Tras el escándalo, Lara debió emplearse a fondo para defenderse y por ello la emprendió contra mi padre; fue un periodo conflictivo en el que mi papá exigió la renuncia del Ministro y en respuesta este promovió en su contra acciones contundentes como el hallazgo del complejo coquero de Tranquilandia, el primer golpe certero contra el cartel de Medellín. El enfrentamiento terminaría con el asesinato del Ministro y significaría el comienzo de la guerra contra la mafia.

Frente a este episodio, Santofimio afirmó que el gobierno, el Estado y Galán dejaron solo a Lara, que lo abandonaron y lo lanzaron a un limbo moral y jurídico, investigado por el comité de ética del Nuevo Liberalismo, que nunca lo condenó ni lo absolvió por el famoso cheque. A Lara, sostuvo el político tolimense, lo mataron estando fuera del Nuevo Liberalismo porque había sido suspendido tras el escándalo del cheque.

En su intervención ante los magistrados de la Corte Suprema de Justicia que lo enjuiciaban, Santofimio señaló: "Es perverso pretender que yo le hubiera podido dar un consejo a Pablo Escobar en relación con la muerte de Galán. Qué necesidad tenía Escobar de que alguien lo motivara; Galán y Lara asumieron una posición personal en ese enfrentamiento. Obviamente eso llevó a una radicalización de la violencia, al punto de que los discursos fueron respondidos a bala, porque los mafiosos sabían que estaban frente a una cosa de vida o muerte".

Confieso que son muchas las razones que sometí a consideración a la hora de decidirme publicar este complejo capítulo, por las consecuencias e implicaciones que podría producir. Estoy acostumbrado a la crítica, la agradezco mientras sea constructiva y no le temo, pero debo decir que en mi libro anterior fui señalado de uribista por revelar los dos atentados fallidos de mi padre contra Álvaro Uribe cuando era director de la Aerocivil. También fui acusado a la vez de santofimista por el párrafo en el que fijé mi posición sobre su condena.

No pretendo inmolarme y tampoco metería las manos en el fuego por político alguno, pues es sabida su escasez de valores. Pero estuve detenido en Argentina al lado de mi madre, acusados de delitos que jamás cometimos y después de siete eternos años de procesos judiciales fuimos absueltos por la Suprema Corte. La libertad es como el aire, pues no te das cuenta de que lo tienes hasta que te lo quitan. Es por eso que me atrevo a publicar esta historia, porque la justicia de Colombia debe dejar de preocuparse por dar una apariencia de eficacia y dedicarse a impartir justicia. Después de repasar los elementos de prueba a los que he tenido acceso, insisto en que existen motivos de fondo para asegurar que Santofimio no tuvo que ver en el asesinato de Luis Carlos Galán.

También es cierto que a la justicia de mi país jamás le interesó indagar a fondo acerca de las relaciones carnales de mi padre con la clase política. En Colombia escuchamos hablar de parapolítica y de farcpolítica, pero creo que pasará mucho tiempo hasta el día que alguien se atreva a abrir la pablopolítica.

En el pasado he sostenido que me criaron los delincuentes más peligrosos de Colombia y que ellos fueron mis niñeras. Pues bien, uno de esos hombres, muy cercano a mi padre, me comentó que estuvo al tanto de cómo se fraguó el homicidio del candidato presidencial y me confirmó que no vieron ni escucharon mencionar a Santofimio. Me dijo que a través de su abogado le ofrecieron doscientos millones de pesos para testificar contra él, pero cuando quise indagar más para saber quiénes podrían estar detrás, me respondió que se había negado a aceptar el dinero y me aconsejó: "deje eso así, que es muy peligroso".

CAPÍTULO 6

Mi padre y 'Malévolo'

La guerra contra el narcotráfico en Colombia inició la noche del 30 de abril de 1984, cuando sicarios contratados por mi padre asesinaron en Bogotá al ministro de Justicia, Rodrigo Lara Bonilla. En respuesta a semejante desafío, el entonces presidente Belisario Betancur ordenó perseguir sin tregua a los capos de los carteles de la droga de Cali y Medellín, al tiempo que anunció la aplicación inmediata de la extradición a Estados Unidos.

Como se sabe, mi padre y otros jefes mafiosos huyeron esa misma noche hacia Panamá y al día siguiente varios de sus hombres nos recogieron a mi madre, embarazada, y a mí, nos llevaron en helicóptero hasta la frontera con ese país y de ahí por tierra hasta el lugar donde se escondía mi padre.

Lo que sucedió después es ampliamente conocido: la propuesta de los capos de negociar su entrega y acabar con el negocio; la intempestiva salida de mi padre y su familia hacia Nicaragua por la traición del general Manuel Antonio Noriega; las fotografías en una pista de aterrizaje nicaragüense en las que mi padre y Gonzalo Rodríguez Gacha, 'el Mexicano', aparecen cargando cocaína; el forzoso regreso a Colombia de todos nosotros y el comienzo de la intensa persecución que habría de terminar nueve años más tarde con la muerte de mi padre.

Pero como acontece en los grandes episodios de la historia, siempre hay una parte importante que no se conoce. O se conoce mucho después. De la muerte del ministro Lara se sabe lo que sucedió después. ¿Pero qué pasó el día del crimen? ¿Dónde estaba y qué hacía mi padre?

La respuesta la obtuve de un hombre al que no veía hacía más de 25 años y al que le envié numerosos mensajes para que aceptara reunirse conmigo a propósito de la investigación que realizaba para este libro. Ya una vez, para mi anterior libro, había intentado acercarme pero incumplió varias citas.

Todavía le dicen 'el Malévolo' y lo encontré en un pequeño restaurante en el centro de Medellín. Hablamos cerca de cinco horas, pero solo al final, de manera fortuita, soltó una historia que según él solo conocen muy pocas personas, porque la mayoría de quienes la vivieron están muertos.

Él estaba con mi padre el día que mataron a Rodrigo Lara y lo acompañó hasta momentos antes de huir hacia Panamá. Según su relato, el caluroso lunes 30 de abril de 1984, mi padre llegó a la hacienda Nápoles acompañado por una hermosa joven que pocos años atrás había sido reina de Medellín. Luego de dejarla instalada en una de las habitaciones de La Mayoría —con ese nombre se conocía la casa principal de la hacienda—, mi padre fue a buscarlo porque necesitaba un favor.

La siguiente es la narración completa de lo que sucedió aquel día:

—Malévolo, ¿conocés a un señor Obando en San Miguel? ¿Será que todavía vende oro?

—Sí, Pablo.

Esta es una de las fotografías tomadas por el piloto Barry Seal en Nicaragua en 1984, en las que aparece mi padre en medio de una operación de tráfico de cocaína en un avión acondicionado con una potente cámara. Esas imágenes le costarían la vida a Seal.

Este es Barry Seal, el audaz piloto que trabajó con mi padre. Aparece en su automóvil Cadillac blanco, el mismo donde sería asesinado en 1986 por sicarios enviados desde Colombia por mi padre.

Seal era dueño de una flota de cuatro aviones, que identificaba como 'The Marihuana Air Force'. Aquí aparece en una de sus aeronaves cuando llega con su familia a las Bahamas.

Esta imagen muestra una particularidad de Barry Seal: siempre llevaba a la mano una cartera repleta de monedas de distintos países. Las usaba para hacer llamadas desde teléfonos públicos para asuntos relacionados con el tráfico de drogas.

Mi encuentro en México con Aaron Seal, hijo de Barry Seal, fue conmovedor. En un gesto que lo engrandece me dijo que perdonó a mi padre por ordenar el asesinato de su padre.

Como prueba de su genuino gesto de reconciliación, Aaron se desprendió de una valiosa posesión: el emblema de TWA, la aerolínea para la cual trabajó su padre, que lo reconoció por ser su piloto más joven en la historia de la compañía.

© Foto: cortesía familia Seal

Esta es la familia de Barry Seal. A la derecha está su esposa Debbie y abajo sus hijos Dean, Christina y Aaron.

© Foto: familia Marroquín Santos

Esta fue por siempre la fotografía preferida de mi padre. Hacía poner una copia ampliada en todos los sitios donde se encontrara y en la cárcel de La Catedral la colgó en una de las paredes de su habitación.

El diálogo vía Skype con William Rodríguez fue dramático. Nos unió una paradoja: él no puede salir de Estados Unidos y yo no puedo entrar.

En la extensa charla conmigo, William Rodríguez hace varias revelaciones sobre la bomba al edificio Mónaco, donde vivíamos mi madre, mi hermana y yo, que detonó la guerra entre los carteles de Medellín y Cali.

La espada de Bolívar fue devuelta por el M-19 en 1991. Desde entonces permanece en una cajilla de seguridad en el Banco de la República.

© Foto: Otty Patiño

Esta es una fotografía inédita. Fue tomada en la casa de Otty Patiño, donde mantuvo oculta por algún tiempo la espada de Bolívar. A su lado está Germán Rojas, 'Raulito', otro integrante del M-19.

La política fue la perdición de mi padre. Alcanzó una curul en la Cámara de Representantes, pero su carrera habría de ser efímera. Alberto Santofimio y Jairo Ortega confluyeron con él en una época convulsionada de la historia del país.

Mi padre utilizó el poder económico que le dio el narcotráfico para creer que podría alcanzar altas dignidades en el Estado. Se movía con facilidad en la plaza pública y ganó electores regalando casas, construyendo escenarios deportivos y sembrando árboles.

—Es que quiero regalarle un orito a la muchacha que está aquí conmigo. Llamalo.

En esas estábamos cuando llegó una hermosa mujer de cerca de 50 años de edad. Era la mamá de la reina.

Nos reunimos alrededor de la piscina y Pablo sugirió ir de paseo por la hacienda y llevar vestidos de baño y comida suficiente para almorzar. Salimos en un campero Nissan extra largo que tenía la parte de adelante descapotada y las puertas pintadas con el logotipo de la hacienda Nápoles.

Pablo manejó el vehículo y las dos mujeres se hicieron a su lado y yo me senté en la silla de atrás. La animada jornada transcurrió en medio de risas y cuentos, un largo baño en el río La Miel y un rico almuerzo al que no le podían faltar las tajadas de plátano maduro frito, el alimento preferido del 'Patrón'.

Ya de regreso, la mamá de la reina se pasó a la parte de atrás del campero, se sentó a mi lado y empezó a cantar boleros. Una vez de regreso a la casa principal de la hacienda, Pablo, que era experto en azuzar a la gente, me dijo:

—¿Conque con ganas de hacerle a la señora, no?

—No, qué va.

—Güevón, no ves que se fue para atrás con vos; ¿no lo ves? Cascale. Andá, arreglémonos y la seguimos enseguida. Andate.

La idea me quedó sonando y acepté ir a cambiarme. Cuando llegaba a la habitación, 'Palillo', uno de los escoltas del 'Patrón', me dijo que le regalara un poco de loción porque la de él se había acabado. Le dije que me iba a bañar y que de salida sacaba el frasco. Cuando salí de la ducha prendí la televisión y estaban dando la noticia del asesinato del ministro de Justicia Lara Bonilla. Los reporteros decían que las autoridades señalaban a la mafia y concretamente a Pablo Escobar, y que el país estaba conmocionado. Por un momento creí estar soñando y por primera vez pensé 'en qué estoy montado si yo no soy un hombre violento'.

'Palillo' entró raudo a mi habitación al escuchar que algo había pasado y quedó frío al enterarse de los sucesos ocurridos en Bogotá:

—Hijueputa, cómo se nos cae la vuelta —dijo y levantó los brazos como peleando con el televisor, al tiempo que movía nervioso la pistola que tenía en la mano derecha.

Presa del pánico, terminé de arreglarme y metí dos pantalonetas y una camiseta en una tula. Acto seguido salí a encontrarme con Pablo, a ver qué me decía. 'Palillo' salió detrás.

—Vámonos ya, güevón —le dije sin tocar el tema.

—Uy, esto se calentó, marica.

Cuando llegamos a la planta baja de la casa ya estaban la reina, su madre y Pablo, quien se había cambiado de ropa y ahora tenía puesto un bluyín y botas de cuero; parecía no darse por enterado de la gravedad de lo que había pasado, pero debió ver mi cara de susto y de desconcierto porque se acercó y me dijo:

—¿Vio, 'Malévolo'? Todo se lo achacan a uno.

No atiné a decir palabra alguna, pero sí lo hizo la mamá de la reina:

—Pablo, yo te sirvo de testigo... vos estabas conmigo.

Entonces Pablo se dirigió hacia el campero y las dos mujeres lo siguieron. Desconcertado, hice lo mismo, subí a la parte de atrás y cuando había cerrado la puerta, dijo:

—'Malévolo', quédese aquí y frentee la situación, y si lo encanan yo lo saco. Reúnase con todos los empleados porque se van a venir los allanamientos. Cuando eso ocurra haga que todos estén juntos para que no los vayan a matar.

—No hubo tiempo de decir nada. Fui incapaz de decirle que no. Luego bajé del campero y Pablo se fue manejando y a su lado la reina y su madre. Atrás quedé yo, muerto del susto, esperando que la autoridad llegara de un momento a otro. Lo raro fue que el primer allanamiento habría de producirse varios días después.

'Malévolo' hace una pausa en su relato para tomar un trago de aguardiente; entonces aprovecho el momento para pedirle que me cuente cómo llegó al Magdalena Medio y cómo terminó trabajando para mi padre. Él apura otra copa de licor y otra más, y prosigue:

—Juan, estudié en el colegio Manuel Uribe Ángel de Medellín, pero fui muy mal estudiante: repetí como tres o cuatro veces el tercero y no pude terminar bachillerato. Sí, recuerdo a dos profesores: al que le debo que yo sepa pintar, Marcos Aristizábal, al que le decían 'el Mocho', quien dictaba clase de pintura; y Gustavo Restrepo, el de religión y le decían 'Pistolo', porque usaba tirantas y ponía las manos en forma de pistola. Era bravísimo.

'Malévolo' cuenta que le gustaba ir a ver jugar fútbol a la cancha del barrio El Dorado en el municipio de Envigado —vecino del barrio La Paz, donde ya vivían las familias de mi madre y mi padre—, hasta que un día un muchacho dijo 'vean, llegaron los 'Pablos', los que tienen mucho billete'. En efecto, se trataba de Gustavo Gaviria y mi padre. 'Malévolo' no sabía quiénes eran los 'Pablos' y pasarían varios años para que se encontraran de nuevo.

—En aquella época yo trabajaba para el bajo mundo y en particular para un hombre al que le decían 'Mario Cacharrero', uno de los primeros mafiosos de los que se tuvo noticia en Medellín, quien se dedicaba a la venta al menudeo de marihuana y bazuco. Era un capo de capos. Tan duro que un día estaba en un restaurante y llegaron cuatro tipos a secuestrarlo y él solo los mató a todos.

'Malévolo' recuerda que logró salir de ese hueco el día que conoció a Jorge Tulio Garcés, un hombre proveniente de una familia muy adinerada, propietario de vastas extensiones de tierra en el Magdalena Medio, quien le dio empleo en una cristalería de su propiedad en Envigado.

—Jorge Tulio y yo nos hicimos buenos amigos, pero yo no sabía que él ya les había vendido a los 'Pablos' los terrenos de las fincas Valledupar y Nápoles, las dos primeras de once fincas en total que conformarían la gran hacienda Nápoles, de 1.920 hectáreas de extensión.

No obstante, la repentina muerte de Jorge Tulio Garcés al accidentarse la avioneta que pilotaba, llevó a 'Malévolo' a cambiar de trabajo y trasladarse al municipio de Doradal, muy cerca de la hacienda Nápoles, donde se vinculó laboralmente con la empresa Parcelas California, y se dedicó a señalizar las vías y a pintar señales de tránsito.

—Yo trabajaba cerca de Nápoles, pero no entraba. Vivía muy ocupado y me concentraba en mi trabajo.

Pero todo habría de cambiar poco después, cuando Gustavo Gaviria, socio de mi padre, compró un motel en el municipio de La Estrella, cerca de Medellín, administrado por un hombre conocido como 'Mechas', quien le cayó muy bien al nuevo propietario.

—Gustavo Gaviria dijo que compraba el motel si 'Mechas' estaba incluido; su idea era incursionar en otro tipo de negocios y de paso cancelar definitivamente la fallida construcción de una represa en la hacienda Nápoles, en la que Pablo había invertido mucho dinero.

Tras la compra del motel, 'Mechas' ingresó al círculo de los 'Pablos' y ello significaría también la entrada de 'Malévolo', quien afrontaba serios problemas económicos.

—Yo le preguntaba a 'Mechas' si Pablo y Gustavo tenían plata y me decía que, en efecto, 'tenían billete como un hijueputa'. En aquella época el dinero escaseaba y donde yo vivía apagaban la planta eléctrica y no se podía ver televisión; era un infierno.

Hasta que un día 'Malévolo' le hizo caso a 'Mechas' y aceptó entrar a Nápoles a pintar avisos y a señalar las vías internas de la hacienda.

—Me retiré de Parcelas California porque 'Mechas' me decía que había muchas comodidades, la comida era gratis y el sueldo muy bueno comparado con lo que pagaban en la zona.

En los dos meses siguientes, 'Malévolo' realizó diversas tareas, hasta que un miércoles 'Mechas' le dijo que viajara a Medellín en uno de los aviones de mi padre, a traer la comida y las viandas que se necesitaban el domingo siguiente, día de la madre, cuando habría una reunión de más de doscientas personas.

'Malévolo' cumplió el encargo y ya de regreso terminó por coincidencia a bordo de un avión Twin Otter que mi padre acababa de comprar y cuyo viaje inaugural incluía una parte de la familia.

—Ese día hablé por primera vez con Pablo Escobar. Llevaba un revólver calibre 38 largo de cacha negra en la pretina del pantalón y un reloj pequeño cuadrado en la muñeca izquierda. Lo saludé pero no le dije patrón, ni don Pablo, ni jefe... es que yo no soy regalado. Le dije buenas, Pablo, ¿qué tal? Antes de responder él hizo una seña y me senté en la silla a su lado.

—Quiubo, hombre, ¿qué tal? ¿Bien o qué?

—Bien, Pablo, yo estoy trabajando en la finca haciendo avisitos y güevonadas.

—Ah, sí, te he visto.

Durante el tiempo de vuelo, mi padre le dijo a 'Melévolo' que quería hacer muchas cosas en Nápoles, en cuyo zoológico ya había dos jirafas y dos camellos y estaban próximos a llegar una buena cantidad de ejemplares que había comprado en Estados Unidos.

—Hombre, es que he visto cosas muy bacanas en Miami... he visto esculturas de animales y setos en forma de animales que me gustaría hacer aquí.

—Vea, Pablo, eso que usted dice es muy difícil porque esas plantas no se dan debido a que esta tierra es muy estéril; mejor hagamos los setos en cemento y los pintamos del color que quiera; quedan bien y no tenemos que regarlos; las esculturas de animales sí las podría hacer.

—Hágale pues entonces con esos animales grandes.

La vida de 'Malévolo' cambió a partir de ese momento. Ya fue empleado directo de mi padre y le dieron una pequeña habitación con televisor y ventilador en un sector de Nápoles conocido como Panadería. Además, tenía entrada a La Mayoría y se encontraba con mi padre cuando él estaba allí.

—Recuerdo que una noche entré a la cocina por una gaseosa, cuando me encuentro a tu papá con la plana mayor del cartel, entre ellos 'el Mexicano' y los hermanos Fidel y Carlos Castaño. Cuando me dirigía hacia la puerta, Pablo se acercó, me puso el brazo encima y me dijo: 'Malévolo', ¿cómo estamos de 'chimbas' (mujeres)? Sonreí y todos se quedaron mirándonos. Es que uno abrazado con el hombre más buscado del mundo es un voltaje muy alto, ¿ah?

Para cumplir el encargo de construir animales prehistóricos de gran tamaño, 'Malévolo' copió los primeros modelos de las laminitas que envolvían las chocolatinas Jet. Así nació el brontosaurio, un enorme animal de cuello alargado, cuya construcción habría de tardar más de un año. Lo pintó de color verde y a lo largo del tiempo ha sido el sitio preferido de los buscadores de guacas. Miles de personas lo han perforado por todos lados creyendo que mi padre había ocultado una gran fortuna dentro de él. No podían estar más equivocados. Mi padre nunca escondió dinero en cantinas, canecas o cualquier otra cosa porque decía que él era una máquina de hacer plata, que entonces para qué la guardaba.

—Cuando lo vio terminado, Pablo se entusiasmó y me dijo que hiciera muchos más. Recuerdo que hice ocho o diez, uno por año. Y Gustavo Gaviria, que era muy tacaño, me dijo 'seguí haciendo esos hijueputas animalotes en cemento, porque cada uno de estos me vale una décima parte de lo que vale uno vivo'.

Pero pese a la oposición de su primo y socio, mi padre no cejó en su empeño de llenar la hacienda de animales exóticos, sin importar lo que costaran.

—Cuando llegaron los hipopótamos —recuerda 'Malévolo'— Pablo fue hasta el borde del primer lago, donde estaban los guacales con los animales adentro. Empezamos a abrir las grandes cajas de madera y salió el primero, luego el segundo, luego una cebra... abrimos la otra puerta y nada que salía el hipopótamo que faltaba. Pablo miraba desde encima del capó de un campero Toyota blanco cabinado, de los viejos. Entonces entre ocho o diez empleados cogimos el guacal y lo levantamos con la idea de que el animal saliera y se metiera al lago. Pero de pronto el hipopótamo se paró, dio un enorme salto y pasó por el lado de Pablo, que se llevó un gran susto. Reímos a carcajadas.

'Malévolo' también fue testigo de la euforia que embargaba a mi padre en el primer semestre de 1982, cuando fue elegido Representante a la Cámara. Un día llegó a Nápoles y mientras daban una vuelta por el zoológico, le dijo:

—Si esto fue en el primer intento, ¿vos te alcanzás a imaginar qué sigue de aquí p'allá?

Claro, mi padre salió triunfador en la primera ocasión que se lanzó a un cargo de elección popular y genuinamente llegó a creer que podía alcanzar las más altas dignidades del Estado, como ser Presidente de la República. Pero estaba muy equivocado y tardaría mucho tiempo en darse cuenta de que entrar a la arena política sería su perdición.

En este punto de la conversación le pido a 'Malévolo' que retomemos el relato en la noche del 30 de abril de 1984, día del asesinato del ministro Lara Bonilla, cuando mi padre se fue de la hacienda Nápoles con la reina de belleza de Medellín, que lo acompañaba, y su madre, y lo dejó encargado de hacerle frente a la eventual llegada de las autoridades.

Tal como le dijo mi padre, 'Malévolo' reunió a los cerca de 300 trabajadores de la hacienda y les dio instrucciones precisas: deshacerse de las armas y municiones, de las drogas que estuvieran consumiendo, no oponer resistencia y estar juntos en el momento del allanamiento. Solo hubo un artefacto que se quedó en su sitio: la batería antiaérea instalada cerca de la piscina.

Todos cumplieron las órdenes y continuaron sus labores normalmente, hasta que al cuarto día, el cuatro de mayo de 1984, se produjo la esperada ocupación del Ejército y la Policía, que llegaron por aire y tierra. Azarados, los uniformados creyeron que serían atacados con la batería antiaérea y por eso con megáfonos ordenaron que todo el mundo se tirara al piso.

—Yo estaba lejos de La Mayoría con otros dos empleados, pintando un letrero con las imágenes de varios animales, cuando llegaron cuatro o cinco policías y me dijeron que levantara las manos, que me iban a requisar. Hice un ademán de que no había entendido y uno de ellos dio un grito y me dijo: 'es con usted, no se haga el güevón'.

Luego nos llevaron a la casa y nos tendieron al piso, como a los demás.

—Al que levante la cabeza se la vuela —dijo un mayor de la Policía y dio la orden de requisar palmo a palmo la hacienda. Como yo era responsable de todo, me puse de pie y acompañé a los soldados, con tan mala suerte que en la primera habitación inspeccionada, y pese a que en los días anteriores habíamos sacado todo, salió rodando el silenciador de una pistola, pero por fortuna un soldado lo cogió y lo guardó en su bolsillo. Horas después y como no encontraron ni cocaína ni armas, ni sicarios y mucho menos a Pablo Escobar, la presión bajó y al día siguiente hasta les ofrecimos comida a los policías y soldados. Incluso, ese fin de semana nos permitieron ir a Medellín.

En términos 'legales', la hacienda Nápoles quedó bajo control del Estado a partir de ese momento y los helicópteros, los aviones, los aerobotes y los vehículos fueron llevados a la base aérea de Palanquero en Puerto Salgar, Cundinamarca. Pero en la práctica Nápoles siguió funcionando como si nada estuviese pasando y desde la distancia mi padre y Gustavo Gaviria se las arreglaban para que 'Malévolo' fuera a Medellín a recoger el dinero para pagar la nómina y el mantenimiento del zoológico y de la hacienda.

—Yo iba por la plata cada dos semanas en bus y traía en una tula los tres millones y medio de pesos que costaba el funcionamiento total de Nápoles.

Cinco meses habría de tardar mi padre para regresar a la hacienda, pero ya desde la clandestinidad. Aun cuando él intentaba aparentar que todo seguía igual, la verdad es que en Nápoles las cosas habían cambiado mucho porque el fantasma de la ocupación, del tiroteo y del enfrentamiento estaban presentes.

—Nos volvimos noctámbulos como él, y muchas veces, a las cuatro o cinco de la mañana, sentados en cualquier lugar de la hacienda, Pablo hacía ejercicios de nemotecnia; por ejemplo, decía 'voy a arrancar con 50 palabras... el columpio, la cancha, la mesa, la silla, el balón, la reja', etcétera, y así hasta completar cincuenta; pero lo sorprendente era que empezaba de atrás hacia adelante y casi ni se equivocaba.

'Malévolo' recuerda luego la frialdad con la que mi padre actuó la noche del asesinato del Ministro Lara, pero aclara que tuvo que acostumbrarse porque en los siguientes años varias veces lo vio comportarse de igual manera.

—Es que Pablo era muy retador. Una vez él estaba en La Mayoría y por radioteléfono le dijimos que la ley había llegado y que estaba en 'la avioneta', palabra en clave para referirse a la entrada de Nápoles; preguntó que cuántos eran; respondimos que como veinte y nosotros cinco o seis; no sé si era mamando gallo, pero respondió: nos tocan de a cuatro. Es que hubo muchos allanamientos y a él como que no le importaba, como que no le daba miedo. Una vez, la Policía llegó y ocupó La Mayoría y nos escondimos con él a doscientos metros, detrás de unos árboles de limón. Entonces nos pusimos a pelar limones mientras la ley se fue y luego regresamos a la casa. En otra ocasión la ley entró y él empezó a preguntar a cuántos a metros venía; le dijimos que a 500 metros, luego que a 300... interrumpió y dijo: cuando estén a 50 metros me avisas para correr.

Al final de la charla, 'Malévolo' me contó los términos de una conversación que sostuvo con mi padre meses después de la muerte del ministro Lara Bonilla, cuando pudo escabullirse de la persecución y regresar a Nápoles aunque por pocas horas. Tal vez porque nunca había hablado del asunto con nadie, 'Malévolo' no tenía claro que por más de treinta años fue depositario de un secreto.

—Estábamos escondidos en la parte de atrás de Nápoles, sentados, fumándonos un bareto. Pablo se quedó mirándome y me dijo: 'si no mato a Lara, me suicido; ahora ya tengo un motivo para correr, para voltear; ya le encontré sentido a la vida'.

CAPÍTULO 7
Las últimas 72 horas de mi padre

Al cabo de una larga búsqueda en distintos lugares de Medellín, finalmente encontré la casa de Luz, una prima de mi padre, la última persona que el dos de diciembre de 1993 lo vio con vida junto a 'Limón', su chofer y guardaespaldas.

Luz es una señora de aspecto amable que no se involucró en actividades ilícitas, pues la unía a mi padre un amor de familia, no un interés económico. Él lo sabía muy bien y por eso le confió su vida y su seguridad en los momentos finales de su existencia.

Luego de contarle el propósito de mi repentina aparición en su casa, Luz aceptó hablar por primera vez con alguien sobre las 72 horas que antecedieron a la muerte de mi padre. Su relato, lleno de datos que yo desconocía, me produjo tristeza porque no deja duda del proceso de deterioro que él vivía cuando ya sus enemigos le habían quitado prácticamente todo y nosotros, su familia, afrontábamos un serio peligro en Bogotá.

Ello explica por qué en sus últimas horas de vida mi padre violó todos los protocolos de seguridad e hizo numerosas llamadas —incluidas las que realizó a Residencias Tequendama para hablar con nosotros—, sin importarle que al identificarse con su nombre propio les facilitaría la tarea a los policías, que tenían intervenidos los teléfonos y aprovecharían para rastrear el lugar desde donde provenía la llamada.

Luz me contó que tres meses después de escapar de la cárcel La Catedral —aproximadamente, en octubre de 1992—, mi padre llegó inesperadamente a su casa del barrio La Paz, de Envigado. Ya era pasada la medianoche cuando alguien tocó varias veces en la puerta, hasta que ella y sus dos hijos mayores despertaron.

La sorpresa de Luz fue inmensa al ver que mi padre —de nuevo el hombre más buscado del mundo— se arriesgaba a ir al barrio que lo vio nacer y crecer como benefactor y delincuente. Justamente allí se había concentrado buena parte de la búsqueda de mi padre y los allanamientos, detenciones y operaciones policiales y militares eran cosa de todos los días.

—¿Qué hubo, primita? ¿Qué más? ¿La desperté? Qué pena, pasaba a saludarla. ¿Cómo han estado? —dijo mi padre, disfrazado con peluca, gorra y gafas transparentes.

—Ay, Pablo, qué emoción verlo por aquí, mijo; venga, bien pueda, pase. ¿Vino solo? —preguntó Luz, entre desconcertada y emocionada por la llegada de su primo, al que no veía hacía tiempo.

—Sí, fresca, que vine solo.

Un rato después de recordar anécdotas de la familia, mi papá le pidió que hablaran en privado en una de las habitaciones de la casa. Ella asintió.

—Oiga, primita, ¿a usted le daría miedo cuidarme en secreto en una casita en Medellín?

—Mijito, para mí sería una alegría poder ayudarle en lo que humanamente pueda. Cuente conmigo —respondió de inmediato, sin medir el problema en que se iba a meter.

—Ah, pues yo sí le agradezco mucho. Cuente con que le voy a colaborar también. Entonces, vea, le voy a dejar esta platica para que compre una casa en el barrio Los Olivos. Es un sector tranquilo donde me puedo esconder por algún tiempo. Mucho ojo pues, que no le puede contar a nadie, ni a sus hijos, ni a su mamá siquiera. ¡A nadie!

Luz recordó que en las siguientes semanas mi padre la visitó con regularidad aunque por pocos minutos, para darle a conocer sus reglas de seguridad, enfocadas ahora en la puntualidad. No exagero cuando digo que mi padre le exigía a todo aquel que estuviera con él que sus relojes estuvieran perfectamente sincronizados, incluido el segundero. Él siempre nos decía que un minuto era la diferencia entre vivir o morir. A Luz también le insistió en no usar el teléfono, porque sabía lo peligroso que era. Y le repitió la misma frase que muchas veces me dijo a mí: "El teléfono es la muerte". Así mismo, eligieron tres sitios de la ciudad donde se reunirían si era necesario y les pusieron nombres en clave.

Así pasaron varios meses hasta que a mediados de noviembre de 1993 Luz adquirió la casa en la carrera 79 No. 45 D-94, la que sería la última guarida de mi padre; era una construcción tradicional de clase media, con garaje, sala, comedor y cocina, escalera de acceso a la segunda planta, tres habitaciones y dos baños. A mi papá le gustó especialmente, recuerda Luz, porque en la parte de atrás del segundo piso tenía una salida al tejado, que colindaba con la vivienda vecina.

—Duré un año viéndome con su papá mientras yo organizaba las cosas. Él me decía qué hacer y yo hacía caso en todo. Pero vea, qué tristeza, en esa casa solo alcanzamos a permanecer como diez días, nada más.

Luz recuerda que durante los primeros días de permanencia en la casa, notó a mi padre muy abatido, preocupado por la incertidumbre que le generaba nuestra seguridad, pues se había enterado de los hostigamientos de los 'Pepes' —la organización clandestina creada por sus enemigos para perseguirlo— al edificio Altos en Medellín, donde mi madre, Manuela, mi novia y yo, estábamos refugiados, dizque bajo la protección de la Fiscalía.

La desazón de mi padre aumentaba con el paso de las horas, porque ya en ese momento no podíamos comunicarnos y solo se enteraba de lo que sucedía por los noticieros de televisión. Su descontrol aumentó entre el 28 y 29 de noviembre, cuando se produjo nuestro intempestivo y a la vez fallido viaje a Alemania, donde buscábamos permanecer en calidad de exiliados.

Intrigado por la manera como se desarrollaron las últimas horas de vida de mi padre, temía que Luz fuera develando a cuentagotas la intimidad de esos momentos al lado de él, en tan triste época de mi vida personal y familiar. En efecto, ella terminaría por describir a mi padre como jamás yo lo hubiese querido ver, como nunca se habría mostrado ante nosotros, que fuimos de sus más grandes afectos. En otras palabras, Luz vio a Pablo Escobar derrotado por la impotencia de no poder proteger a su familia.

—El hombre sufrió mucho con la expulsión de ustedes de Alemania; él no esperaba eso porque como a Nicolás, el hijo de Roberto Escobar, lo habían dejado entrar sin problema, pensó que a sus hijos y a su esposa les sucedería lo mismo.

Tal como dice Luz, el hecho de que el gobierno alemán nos forzara a regresar a Colombia obligó a mi padre a repensar la manera de contraatacar y continuar la guerra. Con su familia en Colombia, él quedaba maniatado porque sabía que los siguientes objetivos de los 'Pepes' éramos nosotros, que ahora estábamos confinados en un apartamento en Residencias Tequendama en Bogotá, y sin salida a la vista.

—Él estaba desesperado. Lo veía muy preocupado, caminaba de un lado para otro. Yo me acostaba y lo sentía caminar por la casa. Entonces me quedaba haciéndole la conversación para distraerlo un poco. Hablaba mucho de ustedes, de la niña y de las novelas que veían juntos. Por la noche escribía y me daba pesar verlo cómo caminaba para arriba y para abajo sin parar. Él era muy callado, pero cada rato me preguntaba si no me daba miedo estar ahí, con una persona tan buscada. Yo le contestaba que estaría con él sin importar lo que me pasara. Pero algo debió pasar a última hora porque el 30 de noviembre me dijo que se iba a hablar con 'el Gordo' y que más tarde regresaba —recuerda Luz.

Intrigado por el inesperado impulso de mi padre de buscar al 'Gordo' ese día de noviembre, a menos de 72 horas de su muerte, fui a un lugar donde me dijeron que trabajaba en el centro de Medellín y ahí lo encontré.

'El Gordo' y su ahora exesposa, Gladys, fueron los dos 'caleteros' más confiables que mi padre llegó a tener a su servicio. Con ellos estuvimos más de un año encerrados en diferentes lugares de Medellín y jamás lo entregaron, pese a la gran cantidad de dinero que el Gobierno ofrecía de recompensa por su paradero.

Según el relato del 'Gordo', ese martes, el último día de noviembre, mi padre se veía desconsolado porque nosotros habíamos caído en una encerrona del Gobierno, y ello lo obligaba a replantear las opciones que había contemplado para arrodillar nuevamente al Estado. Pero como ha sucedido con otros relatos de este libro, lo que me contó 'el Gordo' me llamó la atención porque nunca había escuchado que mi padre tuviera intenciones de seguir peleando, pues tenía entendido que se había quedado prácticamente solo después de la muerte de su último lugarteniente, Alfonso León Puerta Muñoz, 'el Angelito', abatido por el Bloque de Búsqueda el 7 de octubre anterior.

Por el contrario, según 'el Gordo', mi padre no se quedó quieto a pesar del duro golpe que significó la muerte de 'Ramón' —como le decíamos en clave a 'Angelito'— y se proponía ejecutar un macabro plan para recuperar el dinero que había perdido por cuenta de la confrontación.

—Su papá me dijo que iba a secuestrar a todos los ricos de Llanogrande y Rionegro cuando estuvieran reunidos en las fiestas de diciembre; que les iba a caer de sorpresa, y para hacerlo tenía listos cien muchachos con fusiles porque el plan era quitarles un billete bien largo. También dijo que había alistado varios lugares para esconder a los secuestrados mientras pagaban el rescate. Al final me pidió que cuando me diera una señal yo me fuera para Bogotá a organizar un par de 'caleticas' para quedarnos quietos durante un tiempo.

'El Gordo' debió observar mi cara de sorpresa porque agregó que vio a mi padre muy decidido a llevar a cabo ese plan, solo cuando nosotros estuviésemos a salvo.

—Pero, 'Gordo', ¿no era pues que mi papá ya tenía decido unirse al ELN como lo había contemplado desde comienzos de enero de ese año, cuando sacó un comunicado en el que hablaba de Antioquia Rebelde? —pregunté desconcertado porque evidentemente había cambiado de planes.

—No. Su papá estaba decidido por la vuelta grande de secuestrar a ese poco de gente y refugiarse en Bogotá para continuar con los secuestros masivos en las zonas donde viven los más ricos.

'El Gordo' recuerda que mi padre le dijo que regresaba a la caleta donde estaba escondido con una prima y con 'Limón' porque quería estar con ellos al día siguiente, el de su cumpleaños número cuarenta y cuatro.

De regreso a la charla con la prima Luz, en la mañana del miércoles primero de diciembre de 1993, mi padre se levantó, como siempre, poco antes del mediodía, y se encontró con una botella de champaña y una torta de chocolate que ella había comprado con una de mis tías.

Quedaron en partir el bizcocho antes de la comida y entre tanto mi padre se fue a su habitación y en forma inusual llamó por teléfono al 'Gordo' a una caleta conocida como la 'casa azul', algo que no había hecho antes; con esa actitud dejó en evidencia que estaba perdiendo el control de la situación, pues claramente empezaba a dejar de lado las reglas de seguridad que hasta ese momento lo habían mantenido con vida.

—Ah, 'Gordo', yo estuve pensando y definitivamente no nací para trabajar para nadie, hermano. Yo no me voy para ningún monte, las güevas. Por allá le llego mañana, no se vayan a ir de ahí que seguimos con el otro plan.

Sobre las 6 y 30 de la tarde, Luz llamó a mi padre y a 'Limón' al comedor de la casa para partir la torta y brindar con una copa de champaña.

—Yo canté el *happy birthday*, pero pasó una cosa muy rara porque cuando íbamos a brindar, a 'Limón' se le cayó la copa pero no se rompió. Cayó parada. Yo dije 'ay, qué alegría' pero 'Limón' respondió: 'eso no es bueno, eso es que algo malo va a pasar'. Su papá se quedó callado.

Luego de comer un pedazo de torta y de beber varios sorbos de champaña, mi padre subió de nuevo a su habitación.

En la mañana del día siguiente, dos de diciembre, mi padre volvió a violar sus reglas de seguridad y llamó a la 'casa azul'. Para complementar esta parte del relato localicé en Medellín a Gladys —exesposa del 'Gordo'—, quien me dijo que recordaba ese momento como si fuera hoy.

—Fue muy raro hablar ese día por teléfono con 'el Patrón' porque él había dejado órdenes expresas de que bajo ninguna circunstancia atendiéramos ni hiciéramos llamadas. Es que ese número solo lo tenía su papá. Usted sabe que él nos decía que para comunicarnos lo hiciéramos desde teléfonos públicos. Pero ese día tuve la corazonada de que era él el que llamaba, porque el teléfono no paraba de sonar. Pensé que me iba a regañar por haber contestado, pero me decidí y en efecto era 'el Patrón'. Me dijo que no nos moviéramos de ahí, que lo esperáramos al día siguiente y me pidió que le pasara al 'Gordo'.

Tras la descripción de esta breve charla con mi padre, Gladys, una mujer 'sin nervios', como se define ella misma, me contó varias cosas más que contribuyeron a descifrar las últimas horas de vida de mi padre.

—Juan Pablo, me da pena lo que le voy a decir pero a lo último él ya estaba muy corridito, qué tristeza. Después de la muerte del 'Angelito' y para probar que todavía era capaz de todo, se le dio por salir a hacer retenes en Medellín con uno o dos muchachos más. Yo le decía 'señor, ¿qué me le está pasando?'. Y él me respondía 'no me está pasando nada'; luego le daba una fumada a su cigarrillo de marihuana y bromeaba lanzándome el humo en la cara.

Saber que mi padre estaba perdiendo la lucidez me produjo una gran congoja porque significaba que había dado resultado la estrategia de sus enemigos de aislarlo de su familia y acorralarlo para que cometiera errores.

—Es que él no les dijo nada, pero cuando ustedes se fueron de la casa azul para Altos del Campestre a someterse a la protección de la Fiscalía, estaba seguro de que no los volvería a ver. Se la pasaba sentado todo el día. Yo le decía que comiera y él respondía que más tarde, que no tenía hambre. Lo agobiaba la incertidumbre de no saber qué pasaría con usted y con Manuela. Él estaba muy mal. Se estaba enloqueciendo. Caminaba y caminaba sin parar por toda la casa.

Luz continúa el relato y me cuenta que hacia las 11 de la mañana, como había previsto con mi padre, salió de la casa a hacer algunas compras y de paso a visitar a sus hijos. Mi padre le pidió regresar a las tres en punto porque tenía que salir a hacer algo y le advirtió que si no llegaba a esa hora no lo encontraría. Ella respondió que no había problema y que llevaba apuntada la lista de encargos: varios blocks de notas, cajas de lapiceros, lápices, borradores, cauchos, artículos de limpieza, medicinas, encendedores y linternas.

—Les dejé el almuercito listo. Hice tajadas de plátano maduro fritas y una olla llena de espagueti en salsa blanca. Recuerdo que cuando salí él estaba marcando el número para llamarlos a ustedes.

En la tarea de reconstruir esas últimas horas de mi padre encontré que mientras Luz estaba de compras, él llamó a un teléfono móvil que semanas atrás le había hecho llegar a mi abuela Nora para que solo hablaran en caso de emergencia. Era la única manera de enterarse en detalle de qué sucedía con nosotros. Según constaté, minutos antes de las tres de la tarde del dos de diciembre, mi padre marcó ese número pero la llamada no la contestó mi abuela sino un viejo amigo de la familia que estaba de visita en ese momento. Era 'Narquito', como cariñosamente él le decía.

Busqué a 'Narquito' y me contó que en efecto mi padre le reconoció la voz enseguida y lo saludó como siempre, como si nada estuviera pasando; pero recuerda que quienes estaban en ese momento en el apartamento de mi abuela se asustaron mucho porque un helicóptero sobrevoló frente al edificio. Presa del pánico, mi abuela le gritó a 'Narquito' que colgara el teléfono; mi padre entendió el motivo de la gritería y solo atinó a decirle a 'Narquito': '¿qué hubo pues, hermano, muy amañadito vivo? Fresco que de esta salimos'.

Sin saber lo que sucedía, Luz se encontraba en ese momento en un supermercado cerca de la casa, cuando una señora cayó al piso y ella le ayudó a reincorporarse. Luego le compró un café y solo en ese instante se dio cuenta de que estaba retrasada. Salió corriendo. Iba muy preocupada porque mi padre le había advertido que tenía que salir de la casa alrededor de las tres.

Eran las 3 y 30 de la tarde cuando llegó al barrio los Olivos y observó movimientos anormales. La calle donde estaba la casa había sido acordonada y la gente empezaba a aglomerarse alrededor. Luz intuyó que algo había pasado con mi padre y no dudó un segundo en tomar un taxi rumbo a su casa en el barrio La Paz.

Ella sabría mucho tiempo después que en sus momentos finales mi padre se obsesionó en hablar con nosotros y esa fue su perdición. En aquel momento fatal mi padre tenía claro que las opciones se le habían agotado y ya no tuvo duda de que debía elegir entre su vida o la de sus seres más queridos. Entonces optó por el camino de permitirnos seguir con vida y suicidarse él; con ello confirmó el infinito amor que le profesó a mi madre, a mi hermanita —que era su adoración— y a mí.

Desde la soledad de su encierro y cada vez más aislado sin poder reaccionar, mi padre tenía claro que era cuestión de días que nosotros fuéramos víctimas de un atentado porque estábamos sometidos al 'esquema de seguridad' proporcionado por el gobierno y por la Fiscalía. Los 'Pepes' sabían de sobra que si nos atacaban a nosotros, mi padre sería muy vulnerable.

CAPÍTULO 8
La ruta del 'Tren'

La primera vez que supe de la existencia de una ruta del narcotráfico conocida como 'el Tren' fue en la cárcel de La Catedral, en una de las tantas noches que pasé escondido allí. Había llegado para quedarme alrededor de veinte días continuos porque según le habían contado a mi padre, algunos oficiales del Bloque de Búsqueda y los capos del cartel de Cali habían puesto en marcha un plan para secuestrarme.

En la mafia de mi padre era muy común que los bandidos que trabajaban para él se juntaran en las noches a charlar y a contar historias y a alardear de sus proezas en el mundo del hampa. Una noche de tertulia mi padre se refirió a la ruta del 'Tren' porque a su lado estaba alias 'Luca', uno de sus lugartenientes más antiguos, quien conocía todo tipo de detalles de esa aventura, que produjo mucho dinero.

Después de escuchar a 'Luca' por más de dos horas, quienes estaban alrededor rieron a carcajadas porque los tentáculos de la organización mafiosa y criminal de mi padre habían alcanzado límites insospechados.

Mi padre bautizó la ruta con el nombre de 'Tren' por la velocidad, facilidad y eficacia con la que entre 1986 y 1989 ingresó no menos de 64 toneladas de cocaína a Estados Unidos en complicidad con funcionarios antidrogas, justo durante la transición de los gobiernos de Ronald Reagan y George Bush padre. La ruta nunca fue descubierta y simplemente fue abandonada debido a la intensidad de la guerra que mi padre le había declarado al Estado colombiano, que lo llevó a esconderse durante largos periodos en caletas donde tenía muy poco contacto con el mundo exterior. Mientras funcionó el 'Tren', el cartel de Medellín recibió ingresos estimados en 768 millones de dólares.

La ruta del 'Tren' nació en forma accidental, un día que 'Luca' le llegó a mi papá con un cuento relacionado con una chica llamada Silvia, una exnovia con la que había terminado varios años atrás. 'Luca' le dijo a mi padre que había vuelto a llamarla, con la intención de reconquistarla porque todavía se sentía atraído por ella. Y le sobraban razones para pretenderla pues era una rubia de ojos claros, alta, de cabello largo, esbelta, de 25 años de edad, con alma de *hippie*, consumidora habitual de marihuana y amante de las artes plásticas. Silvia era deseada por todo tipo de hombres, pero principalmente por mafiosos que quedaban deslumbrados con su belleza y tenían en los costosos regalos y la ostentación la única manera de cautivarla.

Según el relato de 'Luca' aquella noche en La Catedral, en su afán de recuperar el amor de Silvia, la llamó decenas de veces, le envió flores durante varias semanas y le escribió largas cartas de amor. Estaban separados hacía varios años y él creía que se podían dar una segunda oportunidad. Pero 'Luca' estaba sorprendido porque la chica de clase media baja, recatada, tímida, y con una penosa situación económica, había quedado atrás y la Silvia de ahora era muy segura de sí misma, vestía a la última moda y se le notaba la solvencia financiera.

Silvia, siguió el relato de 'Luca', sucumbió a sus halagos y estuvo de acuerdo en intentarlo de nuevo porque todavía seguía atada al intenso amor del pasado. La reconciliación llevó de nuevo a la intimidad y la intimidad a la revelación de un gran secreto: ella le confesó que había conocido a unos narcos de Medellín y de Bogotá, y que con cierta regularidad les llevaba droga a Miami.

Con semejante dato debajo del brazo, 'Luca' fue directo a contarle a mi padre:

—Patrón, vea pues le cuento el rollo con el que me salió esa noviecita mía. Cómo le parece que ella me dice que hay unos manes que la contrataron junto a otro grupo de chicas como ella, para llevar 'merca' a Miami desde el aeropuerto de Rionegro y en vuelos comerciales. Ella me asegura que lo ha hecho varias veces y que allá las recibe una gente en el aeropuerto que las saca por otro lado sin pasar los controles de rutina.

—¿Cómo? No jodás, que así es la vuelta... ¿qué tendrán armado allá para la llegada de la gente cargada? —indagó mi padre.

—Patrón, ella me asegura que ha ido más de cinco veces y ¡sin visa! Y aun así, a ella y a las peladas que van con ella las dejan entrar sin problema.

—Ah, no 'Luca', pongámonos las pilas con esa vuelta para que nos apoderemos de eso y la pongamos a trabajar para nosotros. Consiga más daticos a ver cómo manejamos este asunto que parece muy interesante.

Esa misma noche y en vista del notorio interés de mi padre, 'Luca' fue a hablar con Silvia, pues necesitaba saber quiénes eran los contactos en Medellín y en Miami, así como el funcionamiento de la operación y las cantidades de coca transportadas.

—Mamacita, 'el Patrón' está interesado en saber más de aquello que me contaste —dijo 'Luca', mientras comían en el apartamento de Silvia.

—¿Y eso como para qué o qué? —preguntó asustada.

—El hombre quiere participar en el negocio y tú sabes que al 'Patrón' no se le puede decir que no. Esta gente para la que trabajas no le está pagando la cuota y por eso es mejor que me colaborés, porque ya sabemos cómo se pone el hombre cuando la gente traquetea desde Medellín y no le ayuda para sostener la guerra. Vos sabés que él defiende la no extradición y con eso se benefician los traquetos de aquí y de otros lugares del país. Así que lo mejor es que te hagás a la idea de que a partir de este momento quedás contratada por el cartel para seguir con esta misma vuelta. Me vas a tener que entregar los nombres de quienes participan en eso.

—Ay no, 'Luca', ¿cómo así? Yo soy una simple mula que ha viajado unas cinco veces y nada más; yo no mando ahí, ni soy nadie importante.

—No importa, pero los conocés. Sabés bien cómo funciona todo. Caminá te llevo a hablar personalmente con 'el Patrón' para que no le demos muchas vueltas a esto.

—Espera, mi amor, tranquilízate; primero te cuento lo que sé. Es que por teléfono no me atrevía a darte más detalles. La vuelta es con una gente gringa, autoridad antidroga, que nos recibe en el aeropuerto de Miami y nos sacan hasta el estacionamiento a través de pasillos y escaleras. Ellos se quedan con los bolsos de la droga mientras la cuentan, porque cobran comisión por cada kilo que dejan pasar; luego la sacan del aeropuerto y la entregan unos kilómetros más adelante... ellos cobran en efectivo, contra entrega.

Aunque le pareció increíble lo que acababa de oír, 'Luca' creyó en el relato de Silvia, pues sabía que no le mentiría por el miedo que infundía el nombre de mi padre. Observó que la joven temblaba al imaginar lo que vendría después para todos los implicados en el manejo de la ruta. Ella supo intuir que la única manera de salvar su vida era colaborando para que ahora el bando de 'Luca' se apoderara del negocio de 'Andrés Felipe' y 'Carlos', los dos paisas dueños de la ruta.

Con semejante cantidad de información, 'Luca' se despidió cariñoso de Silvia y salió rumbo a la caleta de mi padre. Él y ella eran conscientes de que su relación sufriría un cambio inevitable: la belleza y los sentimientos quedarían a un lado porque ahora estarían unidos por los negocios.

A medida que 'Luca' avanzaba en el relato aquella noche en La Catedral, mi padre asentía con la cabeza a manera de aprobación. Los demás escuchaban en silencio, sorprendidos.

—Ah, esa vuelta era una chimba, ¿sí o no, patrón? Recuerdo que iba al aeropuerto a ver desfilar a todas esas chimbas de 'mulas' y a recibir los detalles de la operación desde un restaurante cercano. Allí pedía una botellita de whisky y me la tomaba despacio mientras esperaba la llamada en la que me avisaban que todas habían pasado. ¡Coronamos, hijueputa! Qué chimba, hermano, en cerca de cuatro horas estaba coronada esa vuelta.

Mi padre sonreía y luego 'Luca' se centró en describir las personas y autoridades involucradas, pues al fin y al cabo se trataba de una gran red de corrupción internacional.

Mi padre acotó en ese momento:

—Utilizamos a Silvia como señuelo para que citara a los dueños de la ruta a un local comercial en la calle 10 de Medellín. Eran dos muchachos relativamente jóvenes que no llegaban a los 40 años y nos dieron toda la información y sus contactos. Decidí dejar intacta a su gente de Bogotá, pues para qué armar un frente de batalla contra esos rolos si los podía utilizar sin que supieran que yo me había apoderado de la ruta por completo. Por eso hice que los dos 'pelaos' llamaran a su gente en la capital y le presentaran a la mía para que todo siguiera normal, manejado por teléfono y en clave.

—Claro, 'Patrón', y así fue. Recuerdo que una vez que nos hicimos a la conexión de Bogotá quedamos hechos, pues era la más importante ya que ese *man* de allá nos avisaba los vuelos en los que podíamos mandar las 'mulas' y la cantidad de 'merca' que se podía llevar por viaje.

Mi padre interrumpió a 'Luca' para continuar el relato.

—Todo era cuadrado según los turnos de los agentes antidrogas que nos recibían la 'merca' en Miami. No supimos cómo estos *manes* resultaron tan bien conectados, o si en realidad el más teso de todos era el bogotano y los paisas solo proveían la droga y las mulas con la salida arreglada en el aeropuerto José María Córdova; lo cierto es que así fue como terminamos traqueteando con los que supuestamente nos perseguían.

La ruta del 'Tren' comenzaba en una pequeña finca o caleta de mi padre ubicada en las montañas de Envigado, a la que se accedía por la loma de El Escobero y a donde llegaban alrededor de cuatrocientos kilos de cocaína procesados en varios laboratorios en el Magdalena Medio. La droga era transportada en un camión y la mayor parte de las veces no era necesario ocultarla porque los comandantes de los retenes policiales apostados en la autopista Medellín-Bogotá sabían cuál vehículo debían dejar pasar dos veces por semana sin revisarlo. Claro, a cambio de una fuerte suma de dinero mensual.

La ubicación de la finca era estratégica y el nombre clave con la que se conocía en la organización era 'La casa de la bruja'. En aquel entonces, esa loma era una trocha intransitable por el lodazal y los derrumbes, y mi papá decía que el mejor campero para escalarla era el Suzuki SJ-410. La casa estaba situada a escasos 15 kilómetros del aeropuerto José María Córdova, de Rionegro. Recuerdo muy bien esa trocha porque por ahí mi padre solía evadir los retenes, que permanecían fijos en la subida de la avenida Las Palmas; y yo la utilizaba para disfrutar mis cuatrimotos y otros juguetes de motor.

Entonces, cinco camperos Suzuki se desplazaban por diferentes lugares de Medellín recogiendo las 'mulas' que se preparaban para viajar y las llevaban a 'La casa de la bruja', donde los hombres de mi padre las esperaban con la droga empacada en maletines de diferentes tamaños y colores, y sin ningún distintivo especial.

Antes de salir para el aeropuerto, las 'mulas' nuevas recibían instrucciones acerca de cómo proceder para evitar que cometieran errores en el viaje tanto de ida como en el de regreso. Tranquilizarlas era clave y por eso las jóvenes más experimentadas contaban sus vivencias. La ilustración más obvia, pero a la vez más importante, era que no se podían mirar ni hacer señas entre sí, por más amigas que fuesen. También les quedaba claro que si una 'mula' caía en manos de la autoridad, ninguna podría ayudar porque se pondría en riesgo la totalidad de la operación.

Una vez todo estaba listo, la trocha por la que subían hacia el aeropuerto era de tan difícil acceso que muchas veces los camperos quedaban bloqueados y las 'mulas' debían bajar a ayudar a empujarlos para llegar a tiempo al vuelo.

Como no era necesario esconder la droga en dobles fondos porque todo el itinerario estaba arreglado, el proceso era rápido y simple. La única precaución que se tomaba era envolver los paquetes en un papel especial para evitar que algún perro antinarcóticos detectara el olor de la coca.

A cada 'mula' —en su mayoría mujeres— se le entregaba un tiquete aéreo con nombre falso. Como la maleta que llevaban a bordo era pesada y en ocasiones las azafatas se quejaban del exceso de equipaje, mi padre ordenó que al menos un joven viajara en el mismo vuelo para ayudarles a subir la valija al portaequipaje. Lo demás era fácil porque prácticamente todos los puntos de control del aeropuerto habían sido sobornados, así que llegar hasta el mismísimo avión con la droga en la mano no representaba riesgo alguno.

La corrupción hizo posible semejante juego de precisión. Y es que la cadena era larga: los empleados de la aerolínea estaban aleccionados para que en el momento de hacer el *check-in* de los pasajeros señalados no se les requiriera ni pasaporte, ni visa, ni ningún otro documento y se les imprimiera el pase de abordar. Por supuesto que la mayoría de autoridades migratorias —en aquel entonces el Departamento Administrativo de Seguridad, DAS— también estaban involucradas, porque en cada vuelo a Miami viajaban en promedio diez mulas cargadas de droga que no sufrían el menor inconveniente o retraso. Luego, los policías encargados de requisar a los pasajeros y sus equipajes de mano permitían el paso de las jóvenes y bellas mujeres que les mostraban una amplia sonrisa. Por último, los empleados de la línea aérea encargados de verificar los pasabordos y autorizar el ingreso a los aviones, se hacían los de la vista gorda y omitían chequear los pasaportes. La ruta del 'Tren' funcionaba como un reloj.

Una vez las 'mulas' estaban en la aeronave, sus nombres eran dictados por teléfono a un enlace en Bogotá y este a su vez llamaba a Miami a reportarles los datos a los agentes antidrogas para que estuvieran pendientes de recibirlas.

A la llegada al aeropuerto internacional de Miami, casi cuatro horas después, las 'mulas' eran separadas del resto de los pasajeros del vuelo, como si se tratara de un control de rutina. No se hacía mucha algarabía para no despertar sospechas porque la tradicional afluencia de turistas hacía que todo lo que ocurriera allí pareciera normal. Pero era una farsa porque los agentes de chaqueta y distintivos de tres letras conducían a las bellas mujeres por áreas de acceso restringido del aeropuerto, hasta llegar a unas escaleras de emergencia. Una vez en ese lugar, una parte del grupo bajaba por ahí y otra lo hacía por un ascensor hasta llegar a una zona de estacionamiento. En ese instante todas las 'mulas' estaban obligadas a entregar su equipaje de mano para que los agentes antidrogas contaran kilo por kilo para calcular la comisión que les sería entregada ese mismo día. Acto seguido, las 'mulas' caminaban hasta la salida de pasajeros donde eran recogidas en varios vehículos de la organización de mi padre en Estados Unidos.

Una de las mulas que durante ocho meses trabajó para la ruta del 'Tren' le relató a mi padre que una vez ellas entregaban el maletín y los funcionarios de la 'Agencia' contaban la cocaína, la acomodaban en el baúl de un viejo automóvil cuyo conductor era una mujer que bien podría tener sesenta años. Luego, la señora de cabello blanco salía tranquila en su carro y unos kilómetros más adelante se encontraba con los hombres de mi padre, que llevaban el dinero en efectivo para pagar el 'peaje'. Solo en ese momento les devolvían los maletines. Con un promedio de 400 kilos de coca 'coronados' por viaje, la mujer podía recibir cada vez poco menos de un millón y medio de dólares.

En uno de tantos viajes, una mula novata se confundió y pensó que tenía que seguir la cola de migración, como se hace normalmente, pero terminó perdida entre la multitud de pasajeros que circulan del aeropuerto de Miami, como siempre abarrotado de turistas. Cuando los agentes antidrogas hicieron el conteo de personas, descubrieron que les faltaba una y se llevaron un gran susto. No tardaron en encontrarla.

Pero no contento con el éxito de la ruta del 'Tren', a mi padre, que disfrutaba de hacer trampa, se le ocurrieron dos maneras para engañar a los 'gringos': primera, que las 'mulas' llevaran más droga de la que iba en los maletines de mano porque los agentes no las requisaban; segunda, hacer los paquetes más gruesos, de kilo y medio cada uno, porque los agentes los contaban, no los pesaban.

Estas son las cifras que llegó a manejar la ruta del 'Tren':

Dos vuelos semanales Medellín-Miami, con un promedio mínimo de 10 personas por viaje.

Cuarenta kilos de cocaína en el equipaje de mano representan 400 kilos de cocaína por viaje, es decir, unos 3.200 kg por mes. Esto significa que en los tres años de operación de la ruta entraron a Estados Unidos algo así como 96 toneladas.

En aquella época el costo de un kilo de cocaína en Colombia era de alrededor de 1.000 dólares, pero sumados el flete, los gastos de transporte y la 'mordida' de 3.000 dólares por cada kilo, a las autoridades, tendría un costo final de unos 7.000 dólares. En el sur de La Florida el valor comercial de cada kilo era entonces de 13.000 dólares, pero en Nueva York ese mismo kilo podría costar hasta 30.000 dólares.

Haciendo una proyección de esos valores, no es exagerado asegurar que mientras duró, la ruta del 'Tren' le produjo 768 millones de dólares en ganancias al cartel de Medellín. Por lo anterior, no resulta descabellado un comentario que escuché en plena época de oro de mi padre, según el cual hubo muchos fines de semana en los que él se metía al bolsillo hasta setenta millones de dólares, todo gracias al vicio que consumían los estadounidenses.

Pero si estas cifras suenan más que rentables para el cartel de Medellín, mucho más lo son para los carteles mafiosos locales, pues son los dueños de los canales de venta al menudeo en las calles estadounidenses. Los consumidores no se dan cuenta, pero ellos hacen más rentable la cocaína proveniente de Suramérica porque los distribuidores aumentan su volumen al someterla a un proceso conocido como 'corte', según el cual degradan su pureza al agregarle aspirinas, cal y hasta vidrio molido. Por cada kilo de alta pureza que les llega desde Colombia, los narcos locales sacan a las calles hasta cuatro kilos 'cortados' o más. En otras palabras, mientras el cartel de Medellín ganaba 768 millones de dólares, las organizaciones mafiosas que operaban en Miami obtenían cuatro veces esa cifra: 3.072 millones de dólares. Al final de esta compleja operación ilegal, los agentes recibieron cerca de 288 millones de dólares durante ese tiempo, mucho menos que los otros eslabones de la cadena.

Una anécdota recrea la confianza que llegó a generar la ruta del 'Tren': familiares de algunos capos cercanos a mi padre la utilizaron cotidianamente para ir de paseo y de compras a Estados Unidos, en viajes que no duraban más de dos semanas.

Increíbles historias como las que acabo de revelar tuvieron como protagonista a mi padre, que lo único que hizo fue pasar por encima de las políticas prohibicionistas que hoy todavía continúan garantizando la alta rentabilidad de un negocio que ante todo se nutre de su gran poder corruptor. Por eso es que las organizaciones mafiosas mantienen su enorme poder en todo el planeta.

En la medida en que el mundo persista en su vieja visión guerrerista, lo único que logrará es potenciar aún más a los delincuentes. Pero más importante aún es aprender a convivir por el resto de nuestros días con las endebles alternativas que suponen las drogas legales e ilegales, disponibles por igual porque estarán ahí, al vaivén de la oferta y la demanda.

CAPÍTULO 9
El tesorero de mi padre

Como ya he relatado en varios pasajes de este libro, a lo largo de su carrera criminal mi padre hizo muchas cosas sin que nosotros, su familia, nos enteráramos. Pero el episodio que voy a contar, de cuya existencia vine a saber a propósito de la investigación para este libro, muestra que sus alcances como delincuente no tenían límite alguno. Quien me lo cuenta es 'Quijada', el tesorero personal de mi padre, el hombre que por años le manejó decenas de millones de dólares en ingresos por la venta de cocaína en Miami, Nueva York y Los Ángeles, y cuya historia contaré en detalle en este capítulo.

Todo ocurrió en un viaje que mi padre, mi madre, yo y algunos familiares, hicimos a Estados Unidos en 1983, a raíz del estreno de su nuevo avión Lear Jet, una moderna aeronave de dos turbinas pintada de blanco con franjas amarillas y anaranjadas. Según los planes, estaríamos varios días en Miami y de ahí viajaríamos a Disney World y a Washington para luego regresar a Medellín.

El avión con su respectivo piloto y copiloto aterrizó en el aeropuerto de Tamiami, un pequeño terminal aéreo privado en el condado de Miami-Dade, al que acceden aeronaves tipo ejecutivo de todo el mundo. Una vez bajamos nos recibió 'Quijada', quien saludó efusivamente y nos presentó a dos conductores y dos empleados que habían ido al aeropuerto a ayudar a trasladarnos al Hotel Omni, en el 1601 de Biscayne Boulevard en Miami. Mientras estábamos en ese 'corre corre', 'Quijada' le hizo un gesto a mi padre indicándole que quería hablar un momento a solas con él. Luego de charlar durante un rato, mi padre le dijo que el paseo duraría diez días y que el avión permanecería ahí mientras regresábamos. Pero 'Quijada' tenía otra idea.

—Dele, señor, no hay problema, pero le cuento que estoy 'llenito'.

'Quijada' recuerda esa frase porque con ella le quiso decir a mi padre que tenía escondidos varios millones de dólares en una caleta, a la espera de poder enviarlos a Colombia. Mi papá entendió el mensaje y no tuvo problema alguno en aprovechar el avión para cargarlo con cajas repletas de dinero. Así, mientras nosotros nos dirigíamos al hotel, mi padre y 'Quijada' organizaron el traslado de los dólares desde la casa donde estaban almacenados, así como el posterior cargue en la aeronave. Cuando 'Quijada' enviaba el dinero producto de la coca en aviones, empacaba billetes de 20, 50 y 100 dólares, pero en esta ocasión sugirió despachar los de 5, 10 y 20 dólares porque ocupaban demasiado espacio en las caletas y tardaba más tiempo negociarlos. Mi padre y 'Quijada' supervisaron el ingreso de las cajas a la aeronave, que quedó tan llena que los asientos del piloto y el copiloto se inclinaron ligeramente hacia adelante. 'Quijada' estima que en ese viaje fueron enviados cerca de 12 millones de dólares a Medellín. Una vez el avión despegó del aeropuerto de Tamiami, mi padre y su tesorero fueron a buscarnos al hotel para continuar el paseo.

—Ese avión iba tan lleno, que una vez cuando fuimos a cerrar la puerta nos tocó empujarla.

En aquel entonces yo tenía escasos seis años de edad y fue justamente en ese paseo donde fue tomada la fotografía en la que yo aparezco al lado de mi padre en la reja principal de la Casa Blanca. También recuerdo el susto que nos llevamos con mi madre cuando mi papá, sin medir el riesgo, decidió entrar con documentos falsos al edificio central de FBI para realizar un *tour*.

La historia de 'Quijada' llama la atención porque le correspondió ejercer de tesorero de mi padre en una época en la que los controles bancarios, migratorios y aduaneros en Estados Unidos eran casi que inexistentes. Por eso fue tan eficaz en el envío de dólares a Colombia y quizá por ello fue que durante varios años mi padre llegó a recibir dinero a raudales, al punto de ser considerado uno de los hombres más ricos del mundo.

El recorrido de 'Quijada' se remonta a los primeros años de la década del setenta del siglo pasado, cuando su familia llegó a vivir a una casa en el barrio La Paz del municipio de Envigado, donde ya habitaban los Henao y los Escobar, las familias de mi madre y mi padre.

'Quijada' era de corta edad entonces y por ello permanecía al margen de lo que hacía un grupo denominado la 'pesada', es decir, jóvenes que empezaban a realizar fechorías, que conquistaban las muchachas más bonitas, que se les notaba el afán de tener dinero en el bolsillo. Entre ellos sobresalía mi padre.

—Los de la 'pesada' nos la montaban a los más chiquitos; a tal punto que el día que Pablo y Gustavo Gaviria llegaron al barrio con dos potentes y lujosos automóviles

Porsche, nos tocó lavárselos. Es que además eran los únicos carros que había en el barrio La Paz. Lo mismo pasaba cuando llegaban en las motocicletas con las que acababan de correr en alguna competencia... nos tocaba limpiarlas, porque quedaban repletas de fango.

Desde la distancia, 'Quijada' fue testigo de la manera como mi padre y su primo Gustavo se hicieron delincuentes. Y entre otras muchas fechorías de ellos, recuerda el robo de lápidas de los cementerios cercanos a Medellín; el hurto de 12 automóviles Renault 4 nuevos de la planta de Sofasa en Envigado; y el fallido contrato de repartición de directorios telefónicos porque los pillaron haciendo trampa.

Sin embargo, la permanencia de 'Quijada' en el barrio tenía fecha de vencimiento porque su madre, que vivía en Nueva York, logró que le otorgaran la residencia a su hijo y se lo llevó a mediados de 1976. Ya en la capital del mundo, 'Quijada' trabajó como mesero en restaurantes, soldador en edificios en construcción y mensajero, hasta que tres años después recibió una llamada de mi padre, quien le ofreció trabajo en Miami y le pidió viajar allá cuanto antes.

Sin saber bien de qué se trataba, 'Quijada' aceptó la propuesta y se instaló en la capital del sol con algunos empleados de confianza de mi padre, que poco a poco lo llevaron a administrar todo el dinero que producía la cocaína enviada desde Colombia.

—Al comienzo me instalé en una casa por Kendall y empecé a llevar cuentas para aquí y para allá, hasta que aprendí cómo funcionaba la operación. Luego me conectaron con un empresario colombiano que vivía en Miami y con quien empecé a ir a varios bancos de Miami a llevar los dólares en tulas. Él era el 'bajador' de la plata, es decir, el dueño de las cuentas bancarias donde depositábamos lo que se recogía en la ciudad. Todo lo que hacíamos era de frente porque no había controles. Casi siempre me veía con él en la avenida Collins con 107, en Miami Beach, y de ahí salíamos a consignar el dinero que yo había recogido en la semana. En esa época eran uno o dos millones de dólares semanales.

Pero a medida que el negocio crecía, las responsabilidades de 'Quijada' se hacían más complejas. Kendall y Haialeah fueron los dos primeros sectores donde recogió el dinero que pagaban los distribuidores por la coca, pero muy pronto tuvo que ampliar su radio de acción e ir a siete sitios distintos de Miami. 'Quijada' hacía los recorridos en un automóvil Chevrolet Impala, principalmente porque su baúl era espacioso y por consiguiente cabían varias tulas repletas de dólares. Más tarde hizo la misma tarea en un Cadillac al que le adaptaron un botón para bajar la silla de atrás y hacerlo más amplio.

—Con 'el Patrón' las cosas fueron claras desde el comienzo: acordamos que yo me encargaba de recoger el dinero y enviarlo a Colombia, pero no me mezclaba con la distribución de la coca, a cuyo cargo estaba 'Rafico'. También pactamos que yo me encargaba de contratar y pagarles a los trabajadores y él garantizaba que la 'merca' no faltara.

El negocio llegó a ser tan grande en los primeros años de los ochenta que 'Quijada' compró 12 casas en diferentes sectores de Miami, tres más en Nueva York y dos en Los Ángeles, y a todas les hizo construir caletas subterráneas con ascensor. Igualmente, llegó a tener una nómina de 35 empleados, algunos de ellos uruguayos, brasileros, mexicanos, colombianos y uno que otro estadounidense. Y para desplazarse por esas ciudades recogiendo dinero, 'Quijada' compró cerca de 50 automóviles para evitar que los reconocieran. Además, todos se comunicaban en clave a través de mensajes de *beeper* y teléfonos públicos.

—Hacíamos las consignaciones en nueve o diez bancos, los más grandes de Miami. Primero fue en el sector de Collins Avenue y luego en el Downtown (centro de la ciudad). Los gerentes ya me conocían y me dejaban entrar antes de abrir al público. Llegaba con varias maletas grandes y a veces con cajas de cartón. Luego bajaba a la caja fuerte y ahí me quedaba con uno o dos empleados del banco hasta las 5 de la tarde porque había que contar billete por billete. Esto sucedía tres veces a la semana porque yo esperaba hasta juntar bastante dinero para no tener que ir todos los días. Y eso que yo llegaba al banco con el dinero contado, porque tenía varias máquinas de contar billetes que funcionarios del mismo banco me ayudaban a comprar 'por debajo de la mesa', pues estaba prohibido por la ley.

No obstante, la eficaz estrategia montada por mi padre y su primo Gustavo Gaviria para lavar decenas de millones de dólares debió dar un giro inesperado en 1983, cuando ellos empezaron a quedar en evidencia como narcotraficantes, a la par que Estados Unidos puso en marcha un severo control en el sistema bancario.

—Pablo y Gustavo me llamaron un día y me dijeron que la situación se había complicado porque el acceso a los bancos se había cerrado y por ello debíamos inventar otra manera para mandar los dólares. Les pregunté si tenían contactos en el aeropuerto Olaya Herrera de Medellín y dijeron que sí. Yo les conté que tenía algunas conexiones en el de Miami y acordamos ensayar el envío de dinero mediante correos humanos.

Así lo hicieron y la idea funcionó inmediatamente. 'Quijada' contrataba hombres y mujeres que semanalmente traían a Medellín entre un millón y millón y medio de dólares en billetes de alta denominación, ocultos en maletas de mano.

—Cuando los correos salían hacia Colombia yo llamaba y daba algunas señales para identificar a quien llevaba la plata; por ejemplo, el de la camisa roja con tenis, o el de la gorra de béisbol; en Medellín, 'Tibú', uno de los hombres de confianza del 'Patrón', era el encargado de recibir el dinero.

La eficacia de los correos humanos fue tan alta que mi padre y 'Quijada' decidieron enviar dinero día de por medio. Por eso muy pronto empezaron a faltar personas que se arriesgaran a traerlo y también escasearon las señales de identificación de los mensajeros.

—No sabía qué hacer. 'Que ese ya está repetido', me decían. 'Que esa vestimenta ya está muy usada', insistían. Entonces los correos empezaron a viajar con motores de lancha, con esquís y con elementos muy reconocibles para su ubicación en el aeropuerto.

Pese al flujo continuo de correos humanos entre los aeropuertos de Miami y Medellín, buena parte del dinero recogido por 'Quijada' se quedaba guardado en caletas y ello representaba un alto riesgo. Entonces mi padre y Gustavo Gaviria encontraron una manera de resolver el problema: en electrodomésticos. Fue una operación gigante porque 'Quijada' compraba lavadoras, congeladores, neveras y hornos microondas, entre otros, y los enviaba repletos de dólares a través de una empresa exportadora domiciliada en Tampa, La Florida. Los aparatos llegaban ilegalmente a la casa de un pariente de 'Quijada' en Medellín, previo soborno a funcionarios de la aduana que los dejaban pasar sin mayor problema.

El negocio de mi padre crecía exponencialmente, pero a mediados de los ochenta la aparición del *crack* lo haría aún más rico. Sucedió cuando los traficantes estadounidenses que compraban la coca enviada por mi padre desde Colombia convirtieron el polvo en pequeñas rocas, una forma sólida de cocaína que se podía fumar. De ahí el nombre de *crack*.

Esta nueva variación masificó el consumo en las calles. Según un informe de la 'Fundación por un mundo libre de drogas', "en 1985 la epidemia del crack incrementó dramáticamente el número de estadounidenses adictos a la cocaína".

—Al comienzo, el crack lo sacaban de mezclar cocaína y Coca-Cola; luego metían esa pasta en el microondas por varios minutos y más tarde la fumaban. Ese invento disparó el consumo y, claro, la demanda. Fue tanto el éxito del crack que tuve que conseguir más casas para encaletar la plata. Era una locura. En una sola casa llegué a tener 25 millones de dólares en un fin de semana. Yo llamaba al 'Patrón' y le decía '¿qué voy a hacer?'.

'Quijada' recuerda que aunque no era frecuente, numerosos empleados fueron detenidos por las autoridades con el dinero recolectado.

—Casi siempre los detenían con cinco, seis, siete, ocho millones de dólares; entonces llamaba a Medellín y le informaba al 'Patrón' o a Gustavo y luego les mandaba copia del *indicment* (expediente). Claro que no faltaba la ocasión en que los mismos agentes se quedaban con la plata y no la declaraban.

La intensidad de la guerra en Colombia se reflejó inevitablemente en las actividades de 'Quijada' en Estados Unidos y por consiguiente en las finanzas de mi padre. A finales de 1989, tras el asesinato del candidato presidencial Luis Carlos Galán y cuando la persecución a mi padre se hizo implacable, la comunicación entre ellos se cortó abruptamente y la carta se convirtió en el único medio posible para manejar el negocio, que entró en barrena.

—Quedé prácticamente aislado y no volvió a llegar 'merca' como antes. Por eso no volví a mandar plata. A veces 'el Patrón' me mandaba una carta en la que me decía por ejemplo que había logrado mandar 200 kilitos, pero eso ya representaba muy poco en términos del negocio. Además, mis contactos en Colombia prácticamente desaparecieron y me quedé sin hacer nada en Miami.

Este nuevo panorama, sumado al rumor de que de los enemigos de mi padre lo estaban buscando para eliminarlo, forzó a 'Quijada' a salir de Estados Unidos y buscar refugio en Panamá, donde permaneció varios años antes de regresar a Colombia, enfermo y sin dinero. Desde la distancia vería el final de mi padre.

Antes de finalizar la charla con 'Quijada' le pedí que habláramos de la mansión que mi padre compró en Miami, un tema que por años ha ocupado a los medios de comunicación, pero en particular desde 2014, cuando un empresario estadounidense la compró en diez millones de dólares y luego de demolerla salió con el cuento de que en su interior había encontrado no una sino dos cajas fuertes.

Respecto del palacete que mi papá compró en 1981 en North Bay, Miami Beach, por setecientos mil dólares, recordamos que se trataba de una enorme construcción de dos pisos, pintada de color beige, una de las pocas con muelle privado en esa zona de la ciudad, con una portada imponente, cinco habitaciones y piscina frente a una bahía. La casa fue vendida por una pareja de homosexuales que la entregaron amoblada.

—Claro que yo fui a esa casa muchas veces, casi a diario. Iba con Fernando y Carolina, una pareja de amigos. También asistí a varias fiestas.

Lo cierto es que una vez mi padre compró la mansión en 1979, hizo poner en el garaje una enorme y pesada caja fuerte que tiempo después fue robada en un asalto, al parecer realizado por cubanos recién llegados a Miami en calidad de exiliados. En la caja fuerte apenas había 30.000 dólares de mi padre.

—Siempre se dijo que los ladrones eran algunos de los cubanos conocidos como los 'marielitos', por aquello del éxodo de más de 120.000 cubanos desde el puerto de Mariel —recuerda 'Quijada'.

Aunque yo era muy pequeño, mi madre me cuenta ahora que con mi papá fuimos al menos diez veces de vacaciones a esa casa, en periodos de no más de veinte días. Buena parte de las familias Henao y Escobar iban con cierta frecuencia y hasta una de mis tías se casó allí.

Pero la terquedad que caracterizaba a mi padre lo llevó a cometer el error de no venderla cuando Gustavo Gaviria —que tiempo atrás había comprado un apartamento de un millón de dólares— sugirió deshacerse de sus bienes raíces en Estados Unidos porque intuyó que las autoridades les pisaban los talones. Gustavo recuperó su dinero pero mi padre, confiado, creyó que nada sucedería. Incluso, un contacto suyo en Estados Unidos también le advirtió el peligro de perder sus propiedades, pero mi padre respondió que él solucionaría cualquier inconveniente, pues se jactaba de que él había ingresado el dinero con el que las compró —más de tres millones de dólares— y lo declaró en el aeropuerto de Miami. Grave equivocación porque en 1985 la justicia estadounidense habría de incautar la mansión y un complejo habitacional de doscientas viviendas que mi padre había comprado en el norte de Miami.

Me despedí de 'Quijada' con una extraña sensación. ¿Cómo entender que este hombre, que fue fiel a mi padre hasta que las circunstancias se lo permitieron, haya perdido todo el dinero que ganó durante su permanencia de varios años en Estados Unidos? ¿Cómo es posible que después de administrar la fortuna de un narcotraficante tan poderoso y multimillonario como mi padre, 'Quijada' afronte una situación económica tan difícil como la que percibí a lo largo de nuestra charla?

Sorprendente es además que 'Quijada' no se queja en absoluto de la precariedad en la que vive hoy; no tiene vivienda propia cuando alguna vez tuvo mansiones; se moviliza en bus, pero muchas veces lo hace a pie porque no tiene ni para el pasaje, en contraste con que en su mejor época no le faltaba un Cadillac último modelo con asientos de cuero rojo.

'Quijada' es un hombre al que recuerdo por su galantería, que nos atendía como a reyes cuando viajábamos a Estados Unidos, al punto que, por ejemplo, en un restaurante le regalaba al mesero US$ 200 de adelanto y luego le decía señalándonos a nosotros:

—Atiéndalos bien a ellos, que esta no es la propina todavía.

Al final, Quijada ha aprendido a vivir con nada, habiéndolo tenido todo. Y yo también aprendí a agradecerles a los enemigos de mi padre, por despojarnos por la fuerza de todo lo que heredamos de él, pues muy seguramente yo habría muerto en el esfuerzo inútil y desesperado por esconder tanto dinero.

—No se preocupen que yo no me voy a meter en el narcotráfico, porque lo considero una maldición —recuerdo que les dije a los jefes del cartel de Cali, que casi me matan en 1994 cuando me exigían que no siguiera el ejemplo de mi padre si quería conservar mi vida.

Hoy más que nunca estoy convencido de que lo mal habido no dura y por eso hay mucho de cierto en que el dinero del narcotráfico es maldito. No conozco narco jubilado ni viviendo en paz y lo único que veo es muertos o narcos en la cárcel. Mi padre amasó una fortuna que al final terminó por financiar su propia muerte, pero al mismo tiempo les salvó la vida a sus seres más queridos. Fuimos dueños de mucho, pero no poseíamos nada verdaderamente. Mientras más dinero teníamos, más libertad perdíamos. Es probable que los golpes de la vida nos lleven a 'Quijada', a mí, y espero que a muchos, a hacernos preguntas como ¿de qué sirve una mansión si no hay nadie que te esté esperando?

CAPÍTULO 10

'Finevery'

Literalmente, me tocó sacarlo de debajo de una piedra. Él sabía que era depositario de un sinfín de historias que vivió al lado de mi padre, pero aprendió de él que esconderse y tener la boca cerrada eran claves para vivir un poco más.

Después de preguntar por él durante varios meses, lo encontré al mando de una pequeña lancha cuando intentaba pescar picuda en el río La Miel, en cercanías del municipio de Sonsón, en Antioquia. Ya descubierto, 'Finevery' no tuvo argumentos para negarse a hablar conmigo, veinticinco años después. No ha cambiado. Lo suyo sigue siendo el lunfardo, la jerga de los delincuentes, que maneja con una habilidad impresionante. Él inventó su apodo un día que le preguntaron cómo estaba y respondió 'Finevery', es decir, muy bien, solo que las dos palabras estaban pronunciadas al revés. Maneja miles de expresiones como ninguno y oírlo hablar de la 'nécar' para decir carne y 'whiskyroñi' les hacen gracia a quienes lo frecuentan.

Como ha sucedido con muchos protagonistas de los grandes hechos que rodearon a mi padre, 'Finevery' proviene del barrio La Paz de Envigado, a donde llegó con su familia cuando ya los Escobar y los Henao estaban asentados allí y mi padre había empezado su carrera criminal.

—Recuerdo que conocí a Pablo cuando ya era novio de tu madre, pero me daba temor dirigirle la palabra.

Yo me acercaba a él de vez en cuando, pero no pasábamos del saludo; a veces nos encontrábamos en paseos porque yo iba de noviecito de una amiga de tu mamá. Ya en ese momento se notaba que Pablo manejaba mucha plata porque varios muchachos que trabajaban para él llegaban en los mejores carros y las mejores motos.

Hasta que un día 'Finevery' vio solo a mi padre en el parque del barrio y se animó a saludarlo y de paso le dijo que quería trabajar con él. Mi padre respondió que esperara una llamada. Una semana después fue citado a una oficina situada no lejos de la iglesia del barrio El Poblado, donde hoy es el sector de Castropol.

—Era una casa finca. Hice antesala por una hora hasta que me llamaron a la oficina de Pablo. Él era de pocas palabras. Simplemente me preguntó si tenía moto y con un gesto respondí que no; entonces sacó 108.000 pesos de un cajón y me dijo que comprara una motocicleta Calimatik 175 para que empezara como mensajero. Luego me dijo: 'tranquilo, que si le pasa alguna cosa nosotros lo sacamos; y si le cae la ley diga que no sabe nada'.

Entre contento y desconcertado, 'Finevery' salió de la oficina de mi padre con trabajo: era el nuevo mensajero de Pablo Escobar y de su socio, Gustavo Gaviria. No lo sabía entonces, pero su vida daría un giro en todo sentido.

Una vez incorporado como empleado de la organización, 'Finevery' observó un enorme movimiento de gente y de dinero. Debía entenderse con los contadores 'Suzuki', 'Horacio' y 'Tonelada', y la auditora 'Julia', encargados del movimiento financiero de la oficina, a la que en un comienzo debía llegar a las siete de la mañana y salir cerca de las nueve de la noche.

De entrada, a 'Finevery' le llamó la atención que Gustavo Gaviria estuviese tan pendiente de las cuentas, así como su excesivo celo por diferenciar sus gastos de los de mi padre. No tardó en entender que él era muy 'amarrado' y de vez en cuando dejaba escapar uno que otro comentario de desaprobación por el desenfrenado tren de gastos de mi padre.

—Noté que Gustavo era aficionadísimo a los diamantes y los compraba en cantidades. Alguna vez le oí decir que si le tocaba correr solo llevaría diamantes en sus bolsillos y no se enredaría con cuadros o cosas de esas.

Durante los primeros años al lado de mi padre, el día a día de 'Finevery' transcurría entre cambiar cheques por dinero en efectivo en algunas casas de cambio y retirar grandes sumas de dinero en la sucursal del banco del Estado en el parque de Berrío, en Medellín.

—Ahora parece poco dinero, pero dos o tres veces a la semana me tocaba ir al banco a sacar hasta diez millones de pesos en cajas de cartón; es que se manejaba demasiado billete.

A medida que el tráfico de drogas crecía, a la oficina de mi padre en el Poblado llegaban todo tipo de individuos, casi todos hampones. Era así, porque como ya he contado, mi padre siempre decía que solo le interesaban los negocios ilegales, no los legales.

—Era impresionante. Había combos de todo y para todo: de matones, de cocineros que procesaban la pasta de coca, de encargados de recibir la 'merca' ya lista y empacada para mandarla al exterior... en fin; el organigrama de la oficina era grande. Pablo y Gustavo montaron un emporio del crimen.

Por aquella época, comienzos de los años ochenta, cuatro jóvenes iban a la oficina a ofrecer boletas para la rifa de televisores, relojes, viajes, y hasta diamantes. Mi padre compraba los talonarios completos y por eso casi siempre ganaba, pero le regalaba el premio al primero que veía pasar. Allí también había un restaurante, donde el almuerzo era gratis. Tenía capacidad para doscientas personas, pero mi padre y Gustavo tuvieron que cerrarlo porque se llenó de desconocidos y de vagos.

—Llegaba mucho colado a comer gratis y ello se prestaba para problemas. Por eso lo clausuraron.

Pero 'Finevery' sería testigo de un episodio que le mostraría hasta dónde era capaz de llegar mi padre cuando alguien lo traicionaba. Sucedió tras la desaparición de cerca de doscientos millones de pesos ocultos en una caleta en la oficina. Calmado como casi siempre, mi papá ordenó indagar quiénes habían estado allí la noche anterior y muy pronto las sospechas recayeron en un vigilante, militar retirado, viejo amigo de mi padre.

—Pablo lo consideraba tan cercano que años atrás lo había rescatado en un helicóptero de la isla Gorgona, donde pagaba más de veinte años de cárcel por homicidio. Varios hombres enviados por Pablo encontraron el dinero en la casa del militar, pero lo que pasó después me marcaría para toda la vida. Pablo nos dijo a todos los empleados de la oficina que saliéramos alrededor de la piscina y luego ordenó amarrarlo y lanzarlo al agua. El pobre hombre se ahogó en pocos segundos y tu padre, muy serio, dijo en voz alta que mataría al que le robara un solo peso.

Con el paso del tiempo, 'Finevery' se ganó la confianza de mi padre, que un día lo invitó a la hacienda Nápoles y le dijo que podía ir cuando quisiera.

—Uff, eso era muy bueno, un hotel cinco estrellas. Íbamos a Nápoles a 'lolear' con amigos y muchachas. En la hacienda casi todas las noches había partido de fútbol y solo se acababa cuando ganara el equipo donde jugaba Pablo. Él era delantero y los de su equipo solo le hacían pases a él. Pero lo peor es que a veces sacaba al mejor jugador del otro equipo y lo pasaba al de él. Todo con tal de ganar. Luego íbamos a beber aguardiente y cerveza a la taberna el Tablazo.

Mi padre también le dio a 'Finevery' la oportunidad de vigilar el procesamiento de coca en los laboratorios que tenía instalados en numerosos municipios del departamento de Antioquia.

—Había que fiscalizar que la producción correspondiera a la pasta de coca que Pablo les entregaba a los cocineros. Muchas veces ellos reportaban que la base era de mala calidad y, por ejemplo, si les habían dado cien 'cosos' (paquetes de un kilo de pasta) reportaban que solo habían sacado cincuenta de cocaína. Ese era un trabajo para gente de mucha confianza del 'Patrón' y yo fui uno de ellos.

Tiempo después y de tanto ir a las cocinas, 'Finevery' le pidió a mi padre que le permitiera producir unos cuantos kilos de coca porque ya sabía cómo procesarla. Mi padre dijo que sí, pero le recordó que la única condición era que tuviera su propia cocina. 'Finevery' respondió que ya había pensado en eso y que había acondicionado el patio de su casa.

—Me dijo que había nada más que hablar y le ordenó a uno de sus hombres que me diera diez 'cosos' (kilos). Parecía plastilina y había que oxidarla con permanganato de sodio para llegar al punto en que se convierte en clorhidrato de cocaína. Cada paquete de base pesaba mil gramos, pero al terminar el proceso químico perdía el veinte por ciento, es decir, quedaba convertido en 800 gramos de cocaína.

'Finevery' sostiene que el negocio de mi padre era tan grande y productivo que ni siquiera sabía dónde estaban localizadas todas las cocinas. Simplemente le entregaba determinada cantidad de pasta al cocinero y este debía regresar con los kilos ya procesados. Él tenía varios proveedores, pero confiaba especialmente en Evaristo Porras, quien vivía en Leticia, Amazonas, y la traía desde Perú.

Al tiempo que continuaba sus tareas como mensajero, 'Finevery' recibió otro encargo: 'caletero'. Por cuenta de la seguridad que le generaba a mi padre, fue autorizado a conseguir apartamentos o fincas para almacenar la coca. Así, llegó a tener cuatro lugares al mismo tiempo para guardar diferentes cantidades. Solamente en uno de ellos, por ejemplo, ocultó 2.500 kilogramos mientras mi padre disponía la ruta que los sacaría al exterior.

'Finevery' fue testigo de las mutaciones que empezaron a producirse en el negocio de mi padre. La principal, la masiva llegada de personas que producían coca por su lado, pero no tenían el camino para comercializarla.

—La fila de carros en la oficina era infinita. Llegaban personas que iban a hablar con Pablo para entregarle cinco, diez, quince kilos; la palabra que usaban era 'apuntarse'. Todos sabían que Pablo era el dueño de las rutas y que cobraba comisión por cada kilo enviado. Las rutas eran tan efectivas que Pablo se dio el lujo de asegurar la carga que le entregaban. El seguro costaba dos mil dólares por kilo, pero el dueño de la coca sabía que si lo pagaba con toda seguridad recibiría el dinero, así se cayera el cargamento. Eso no lo hacía ningún narco. Recuerdo que llegaba gente de buena parte de los municipios de Antioquia y de otras ciudades, pero principalmente de Pereira. De Cali, nunca, por obvias razones.

Según supo ‘Finevery’, mi padre se atrevió a asegurar la cocaína porque tenía controlada toda la cadena del negocio, desde la producción, el transporte, la distribución, el recaudo en Estados Unidos y el ingreso del dinero ilegal al país.

—Es que por cada cargamento, Pablo tenía hasta tres pistas de aterrizaje disponibles, una principal y dos alternas, según la situación en cada lugar, para la salida de los aviones. Y no solo eso: Pablo llegó a tener entre diez y doce rutas funcionando al mismo tiempo. Si una caía aparecían otras. Era una máquina para exportar coca y claro, para producir dólares.

Pero no todo funcionaba como un relojito, recuerda ‘Finevery’. Para controlar la contabilidad de los centenares de kilos de coca que llegaban a la oficina todos los días, mi padre tenía empleados que apuntaban en carpetas los datos de los propietarios. Pero era común que muchos de ellos quedaran debiendo el flete del envío, incluso después de haber recibido el valor de la coca que habían entregado.

—Pablo se ponía muy bravo y nos ordenaba buscar a los deudores. Mejor dicho, nos tocaba hacer las veces de ‘chepitos’ (cobradores). Menos mal que un funcionario de las Empresas Públicas de Medellín nos colaboraba:

nosotros le entregábamos los números de teléfono de esas personas y él nos daba el dato de dónde vivían. Hasta allí íbamos y, claro, ahí sí pagaban.

Como sucede en todo negocio, el de la coca también era acechado por delincuentes, a los que no les importaba que el dueño fuera mi padre.

—En mi caso, me cayeron tres o cuatro veces, cuando estaba procesando cocaína. Pero recuerdo una vez, por Santa Helena, cuando llegaron ocho tipos, encapuchados y con ametralladoras, y nos dijeron que les diéramos diez millones en efectivo o se llevaban la 'merca'. Como no teníamos dinero allí, nos dieron tiempo para conseguirlo. Entonces bajé donde Pablo, quien me dijo que transara con los tipos y llegara a un acuerdo. Eso sí, me dijo que observara bien sus cicatrices, su peinado, sus relojes y cadenas, porque con esos detalles localizaba a los manes y les quitaba lo que nos habían robado. Finalmente, regresé en una moto con el dinero en una caja y los tipos se fueron.

'Finevery' recuerda que tras la muerte del ministro de Justicia, Rodrigo Lara, fue más complicado ver a mi padre, pero aun así el negocio se mantuvo y las oficinas seguían funcionando pese a que había que trasladarlas continuamente debido a la persecución de las autoridades.

El acecho del Estado también forzó un cambio en la manera de procesar la cocaína porque los laboratorios eran localizados fácilmente, al tiempo que se hacía difícil conseguir trabajadores porque temían que los capturaran. Entonces surgieron las bodegas, espacios grandes en Medellín que se convirtieron en cocinas móviles donde se producían entre cien y doscientos kilogramos al día.

—A Jaime, un cocinero de Pablo, se le ocurrió montar las cocinas en la ciudad. Él se la tomó en serio y se la pasaba de bodega en bodega haciendo algo que llamamos 'retacar', es decir, sacarle más producido a la pasta de coca. Lo que sí tocaba hacer todos los días era rociar aerosoles para espantar el olor a químicos. Lo increíble es que en medio de semejante persecución ni una sola bodega se cayó.

'Finevery' me aclara que todavía le quedan muchas historias por contar, pero dice que prefiere hacerlo al día siguiente porque empezaban a caer las sombras de la noche y le daba cierto temor navegar por el río La Miel. Quedamos en encontrarnos no lejos de ahí, pero evidentemente ya no le interesó porque nunca llegó.

CAPÍTULO 11
Anecdotario

Muchas personas que rodearon a mi padre en las distintas etapas de su carrera criminal fueron testigos de gran cantidad de episodios que nunca se conocieron y el paso de los años los relegó al olvido. En las numerosas entrevistas que realicé para este libro, me enteré de varios de estos hechos, unos muy graves y otros no tanto, que vale la pena saber.

El rescate de 'Orejas'

Esta historia es increíble. Me la contó un hombre que trabajó con mi padre cuando empezaba a hacerse muy rico con el tráfico de drogas.

Según su relato, agentes del Departamento Administrativo de Seguridad, DAS, capturaron en Medellín a 'Orejas', encargado de 'lavar' en Panamá una buena parte del dinero que producía la cocaína en Miami. 'Orejas' era tan importante en el engranaje de la organización que inmediatamente fue solicitado en extradición por Estados Unidos.

La detención significaba un golpe para el cartel de Medellín porque 'Orejas' tenía los contactos para abrir cuentas corrientes en bancos de Ciudad de Panamá, donde depositaba los recursos que el tesorero de mi padre consignaba en Miami, y luego los transfería por canales normales a bancos de Medellín donde hombres como 'Finevery', los retiraba en operaciones tan sencillas como el cambio de cheques.

Debido a su importancia, la extradición de 'Orejas' fue autorizada de inmediato por el gobierno de Belisario Betancur. A través de un contacto en el DAS, mi padre supo que 'Orejas' sería enviado a Estados Unidos a las cinco de la mañana del día siguiente y por ello decidió rescatarlo. Para hacerlo encargó a 'Kojack', uno de los hombres más arrojados del grupo de sicarios que lo rodeaba. Pero la operación implicaba un gran riesgo porque 'Orejas' estaba recluido en la sede del DAS en el sector de Ayacucho, una vieja casa en la que laboraban no menos de veinte funcionarios en turnos de doce horas. Entonces le dio 62 millones de pesos a 'Kojack' para sobornar a quien fuese necesario con tal de rescatarlo.

Tras examinar el lugar donde estaba recluido 'Orejas', 'Kojack' consideró que la operación debía hacerse a las doce de la noche, una vez se hubiera producido el cambio de turno.

—Como se podía armar una balacera, nos la jugamos por el soborno. Pero no de cualquier manera; como decimos por estas tierras, 'montándola'. Éramos cuatro, uno de los cuales, 'Tibú', era el que llevaba la caja de cartón con el dinero en efectivo. Así que cuando llegamos a la sede del DAS hablé duro, para que supieran que había llegado la mafia. Claro, los funcionarios se asustaron cuando dije: 'a ver, cuántos maricas son aquí, no empecemos con güevonadas, hay mucha plata'. Todos se quedaron en silencio y nosotros nos pusimos a repartir el dinero. A los dactiloscopistas, que eran seis, les dimos un millón a cada uno; al encargado de las llaves de los calabozos, quinientos mil; a dos mecanografistas, de a ochocientos mil; a la telefonista, millón y medio para que no contestara las llamadas; a la señora de los tintos, que se puso feliz, doscientos mil; así con todos, hasta que llegamos al jefe de la oficina, un inspector del DAS, al que le di ocho millones. Pero cuando fuimos a buscar a 'Orejas', casi no lo encontramos porque estaba escondido, bien acurrucado, debajo de un escritorio. Es que pensó que lo iban a matar porque ya lo habían amenazado de muerte. Salimos a las 12 y 20 de la madrugada. Hicimos la vuelta en 20 minutos, pero antes de salir les dijimos a los que tenían armas que cuando saliéramos empezaran a disparar hacia el techo y que nosotros respondíamos al aire para que pareciera un rescate con muchos tiros.

Lingotes de oro para Pablo

Que en algún momento de su recorrido como narcotraficantes, mi padre y Gustavo Gaviria hubiesen invertido una pequeña parte de su fortuna en comprar lingotes de oro, es algo que me sorprendió saberlo ahora, cuando investigaba para este libro.

Y a juzgar por la persona que me lo contó, no tengo duda de que fue así. La versión es de 'Jaime', un economista con quien mi padre entabló una fugaz amistad en Miami mientras le permitieron entrar a Estados Unidos, es decir, hasta finales de 1983, cuando debió renunciar a su investidura como representante a la Cámara y luego la embajada estadounidense le canceló la visa de turista.

Como se sabe, la habilidad de mi padre para montar un emporio económico alrededor de la cocaína lo convirtió en pocos años en un hombre multimillonario. Pero así como ganaba, así mismo gastaba a raudales. Por esa razón, siempre tuvimos claro que él prefería manejar su dinero en efectivo, gastarlo sin escatimar y no guardarlo en caletas como sí hacían varios de sus socios en el cartel de Medellín.

Mi padre nos daba gusto en todo y mi madre aprovechó que muchos querían congraciarse con él y por eso la contrataban como su decoradora personal; de esa manera y a través de las comisiones de venta de obras, se hizo a una de las mejores y más completas colecciones de arte de América Latina. Lamentablemente, muchas fueron destruidas en la guerra y otras arrebatadas por los 'Pepes' tras la muerte de mi padre.

'Jaime' me reveló que mi padre y Gustavo lo llamaban a Miami para que les comprara lingotes de oro en Queens, Nueva York, donde un reconocido comerciante de ese metal precioso. La compra era legal, pero cuando el oro llegaba a Miami y debían enviarlo a Medellín, era necesario hacerlo por 'debajo de la mesa', es decir, violando la ley.

—Cada mes o cada mes y medio, Pablo y Gustavo me pedían los lingotes y yo me demoraba varias semanas mientras el vendedor los enviaba desde Nueva York. Recuerdo que alcancé a enviarles entre 20 y 40 y cada uno pesaba un kilo. De vez en cuando le enviaba diamantes a Gustavo, pero a Pablo eso no le interesaba.

En ninguno de los viajes que hicimos con mi padre observamos que él se interesara por los lingotes de oro. Solo una vez cedió a la tentación de comprar diamantes, pero presionado por sus amigos. Sucedió en la joyería Majors de Miami, a donde llegamos un día mi padre, Gustavo Gaviria y nosotros. Éramos tantos que el administrador cerró el local para facilitar la venta. Mi padre compró un diamante que le costó 300.000 dólares, pero cuando llegamos a Medellín se lo puso y no le gustó y lo guardó en un cajón.

¿Qué pasó con los lingotes? Ni idea. Le pregunté a mi madre y me respondió que tampoco sabía que mi padre los hubiese comprado alguna vez.

¿Michael Jackson en la hacienda Nápoles?

Mi padre y yo fuimos fanáticos del rey del pop, Michael Jackson. Siempre mandaba a traer los últimos videos y los veíamos juntos. Nos gustaba su música. La cantábamos juntos. Eran los tiempos del edificio Ovni. La opulencia era total. Vivíamos en el primer edificio de la ciudad con ascensor panorámico y piscina en el techo, toda una novedad para aquellos tiempos en los que también Michael Jackson sorprendía al mundo con *Thriller*, su video musical de 14 minutos, toda una revolución. Era diciembre de 1983.

Mi fanatismo por Jackson era tal que llegué a pedirle a mi madre que en alguno de mis cumpleaños el rey del pop fuera el tema de la fiesta. Así se hizo. Numerosos afiches de gran tamaño adornaron las paredes y hasta la torta apareció con una pequeña estatuilla de Michael Jackson.

Recuerdo que alguna vez en una fiesta en la hacienda Nápoles, aproximadamente en 1987, mi padre contrató un reconocido conjunto musical especializado en folclor colombiano. Tocaban y cantaban muy bien y estoy seguro de que no cobraban poco. Yo estaba muy aburrido y de un momento a otro se me ocurrió proponerle una idea a mi padre, que estaba a mi lado:

—Papi, ¿por qué en vez de traer siempre a los mismos artistas no traemos a Michael Jackson?

—¿Cómo así, 'Grégory'?

—Pues claro, papá, ahí está la pista de aterrizaje; pues que el hombre venga en su avión privado y armamos un escenario en la cancha de fútbol; que nos cante un rato y se vaya.

—¿Y como cuánta plata creés que cobraría por venir desde Estados Unidos hasta aquí en Nápoles?

—Pues yo no sé, papá, pero ese *man* no debe cobrar barato. Por ahí de dos a cuatro millones de dólares. Quién sabe.

—Pues averigüemos, 'Grégory', y lo traemos para diciembre. Que venga, que acá lo atendemos bien y se quede a dormir en la pieza de Gustavo.

—¿Cómo así que a dormir, papá?

Mi padre hace una pausa luego de mi pregunta y voltea a mirar a más de veinte guardaespaldas que nos rodean. Luego ríe con malicia y responde, no sé si en serio o en broma:

—Pues es que estoy pensando que venga, toque unas horas y le pago su plata, pero cuando termine lo invito a quedarse unos días. Hago que lo traten bien y que no le pase nada, pero cuando se quiera ir tendrá que bajarse de 50 o 60 millones de dólares ¿sí o no, muchachos?

Aquello de contratar a Michael Jackson me quedó sonando pese al comentario de mi padre, que claramente quería hacer una maldad. Al fin y al cabo por Nápoles habían desfilado varios reconocidos cantantes, humoristas y magos nacionales e internacionales, a quienes mis padres contrataban según la ocasión. Por eso, traer al rey del pop no sonaba como un disparate. Sin embargo, la idea quedó en el olvido porque la guerra entre mi padre y el Estado arreció y mientras él huía nosotros debimos escondernos por largos meses.

Un mago en Nápoles

El recorrido por el Magdalena Medio para hablar con varias personas que me ayudarían a redescubrir a mi padre, me llevó a un recodo de la autopista Medellín-Bogotá a la altura del municipio de San Luis. Se trata de una escarpada zona montañosa, con hermosos paisajes y cascadas naturales a lado y lado de la vía.

Me detuve frente a una especie de cambuche muy desordenado, rodeado por una vistosa vegetación y al borde de un río que se escuchaba caudaloso. El lugar estaba solo.

Veinte minutos después apareció el mago de mi padre, pero ahora se veía extremadamente delgado, con una barba de varios meses, totalmente blanca como su largo pelo.

Mientras duró, el mago fue asiduo visitante de la hacienda Nápoles porque le encantaba a mi padre. Años atrás había sido profesor de matemáticas en el colegio de San Luis, pero pudieron más las ganas de desaparecer monedas, de sacar conejos de un sombrero y de ocultar cigarrillos de marihuana detrás de una oreja.

Cuando mi padre estaba en la hacienda y había algún evento social e incluso cuando no lo había, en una de las primeras personas que pensaba para distraerse era en el mago, que aparecía como por arte de magia. Al cabo de dos horas de presentación recibía 30.000 pesos como pago y luego regresaba a su casa.

El mago recordó que un día mi abuela Hermilda lo increpó en medio de su función e hizo que lo sacaran de Nápoles porque en un truco metía a la fuerza animales en recipientes diminutos. Sin embargo y a pesar del regaño, el mago se las arreglaba para volver.

Pero mi padre también tenía presente al mago por otra razón: porque en aquella época vivía en un paradisiaco lugar al que mi papá iba a retozar con alguna amante de ocasión, y también para esconderse de la persecución de las autoridades. El sitio era ideal para las dos cosas porque en la parte de debajo de la vivienda del mago corría un hermoso caudal de agua fría del que sobresalía una piedra plana, suficientemente grande para dos personas. La espesa vegetación impedía ver desde la parte de arriba de la carretera y por eso era ideal para alguien como mi padre, que tenía en la clandestinidad la mejor herramienta para sobrevivir.

La visita al mago terminó 45 minutos después, justo cuando una pequeña camioneta con una docena de estudiantes pasaba por el lugar. En el instante en que estaban frente al mago, todos se asomaron a la ventana y gritaron: "adiós, magoooooo".

'Pedro Picapiedra'

A finales de los años ochenta se produjo en Medellín un episodio escabroso que muestra los niveles de violencia y degradación a los que llegó la confrontación por el poder del narcotráfico.

Según me contaron algunos hombres de mi padre, Pedro Picapiedra llegó a ser el mafioso más rico de Medellín. Él y mi padre se conocían y tenían una buena cercanía aunque cada uno manejaba sus negocios por su lado y muy de vez en cuando se juntaban para enviar cocaína en una ruta común.

Picapiedra se hizo aún más rico después de la muerte del ministro Rodrigo Lara Bonilla porque mi padre, Carlos

Lehder, Gonzalo Rodríguez Gacha, 'el Mexicano', así como otros capos, incluidos los del cartel de Cali, salieron en desbandada durante varios meses. En la práctica, Picapiedra siguió traficando solo porque las autoridades antinarcóticos no lo tenían aún en su radar. Llegó a ser tan poderoso que montó una enorme oficina en Nueva York y desde allí manejaba su emporio coquero.

De regreso al país a comienzos del segundo semestre de 1984, mi padre buscó a Picapiedra y le propuso compartir un par de cargamentos, pero este se hizo el de la vista gorda y nunca le dijo que sí. Mi padre quedó muy molesto y estuvieron distanciados por un tiempo, hasta que un día Picapiedra llegó a pedirle ayuda en una confrontación que sostenía con otro narcotraficante de la ciudad. Mi padre le cobró a Picapiedra 200 millones de pesos por sacar del camino a su enemigo.

Aun así, la relación entre ellos no mejoró. Por el contrario, habría de empeorar porque Picapiedra se negó a colaborar con dinero para sostener la guerra que mi padre había iniciado contra el Estado colombiano.

Entonces mi padre les ordenó a sus mejores hombres que secuestraran a Picapiedra, pero justo en el momento en que se desarrollaba la operación en el sector de El Poblado, el conductor de los delincuentes tropezó accidentalmente con la puerta y disparó su arma, con tan mala suerte que uno de los proyectiles mató a Picapiedra en forma instantánea.

Lo que sucedió a partir de ahí fue aterrador porque los secuestradores se llevaron el cuerpo de Picapiedra y de acuerdo con mi padre pidieron rescate como si estuviese vivo. La cifra: cien millones de dólares, que la familia de la víctima estuvo de acuerdo en pagar si Picapiedra regresaba sano y salvo.

En un intento por engañar a la familia, el rostro de Picapiedra fue maquillado para tomarle una fotografía y enviarla como prueba de supervivencia, pero justo cuando la familia se disponía a pagar por el rescate, un campesino encontró el cuerpo y lo denunció a las autoridades. Así se frustró el pago de la millonaria suma.

Como si fuera poco la afrenta a la familia de Picapiedra, los hombres de mi padre secuestraron a la hija menor del capo y cobraron cuatro millones de dólares por el rescate. Se trató de una retención *express* porque la niña nunca se enteró de que estuvo en manos de delincuentes, sino de visita donde algunos parientes lejanos.

Estas erradas acciones de mi padre lo único que lograban era aumentar el número de personas que le guardaban animadversión; y nosotros, su familia, que no estábamos enterados de esos hechos, terminaríamos por pagar las consecuencias.

Los cien millones del 'Chopo'

Al enterarse por unas grabaciones de que sus socios y amigos Fernando Galeano y Francisco 'Kiko' Moncada se habían comprometido con el cartel de Cali a no entregarle más dinero para la guerra, mi padre decidió realizar una *vendetta* en el cartel de Medellín y le ordenó a Mario Alberto Castaño, 'el Chopo', que exterminara a las cabezas de esas dos familias.

Enterada de las intenciones de mi padre, la familia Moncada hizo saber que no se proponía entrar en una confrontación con mi padre pues su perfil no era militar y prefirió pagar. Entonces le enviaron un mensaje al 'Chopo', a la sazón jefe militar de mi padre, en el que los Moncada ofrecían cien millones de dólares.

'El Chopo' aceptó y recibió el dinero, pero no le contó a mi padre y se quedó con esa gran fortuna. Mi padre nunca supo porque seguramente habría recuperado ese dinero, pero vine a conocer la historia ahora que investigaba para este libro.

No obstante, la suerte de los Moncada y los Galeano estaba sellada porque en forma accidental 'Tití', otro lugarteniente de mi padre, descubrió una caleta que contenía veinte millones de dólares. En ese momento mi padre los sentenció a muerte y los citó a la cárcel de La Catedral, donde finalmente fueron asesinados.

CAPÍTULO 12

Las narco-series y mi padre

Es indiscutible el éxito mundial de las llamadas narco-series o narco-novelas que relatan historias sobre mi padre y muchos otros personajes del narcotráfico internacional. Hace tiempo las grandes casas productoras de cine y televisión detectaron la fascinación que despiertan las ejecutorias de esos criminales, pero no previeron que en torno a ellos se está creando una nueva cultura, alejada de todos los valores.

No me opongo a la proliferación de producciones sobre de mi padre, pero sí manifiesto mi inconformidad con aquellos que con el pretexto de mezclar fantasía con realidad han logrado construir un mensaje implícito que incita a la juventud a pensar que ser narco es muy *cool*. Pero no solo eso. También se hace creer que el dinero mal habido está rodeado de cierto encanto y por ello muchos incautos quieren repetir la historia de mi padre, porque ven a un hombre todopoderoso que nunca pierde, que nunca sufre ni la pasa mal. Lo que han logrado es reflejar experiencias contrarias a las que yo presencié, porque ese es un mundo en el que se sobrevive a sangre y fuego y pisoteando a muchas personas.

El impacto de las producciones relacionadas con mi padre es de tal dimensión que empecé a recibir mensajes de jóvenes de algunos países del continente africano como

Kenia y Marruecos, o de otras latitudes como Filipinas, Rusia, Turquía, Afganistán, Irán y Palestina, pero también de países de América Latina como México, Guatemala, Perú, Argentina, Bolivia, Ecuador, Colombia y Venezuela, en los que esencialmente me decían: "Quiero ser narco como el de la serie", "Ayúdame a ser narco".

Por supuesto que a todos les aconsejé lo contrario y les dije que no vendía entradas a ese mundo oscuro. Y me preocupé más porque juraban saber todo sobre mi padre por haber visto *Narcos, Pablo Escobar, el patrón del mal*, *El cartel de los sapos*, *Sin tetas no hay paraíso*, *La reina del sur*, *El señor de los cielos* y un sinfín de películas con grandes estrellas como Benicio del Toro en la producción más absurda sobre mi padre llamada *Escobar Paradise Lost*.

No obstante que me he esforzado en mostrar que el camino recorrido por mi padre es justamente el contrario al que debemos tomar las personas de bien, lo que han logrado las narco-series es hacer ver a mi padre como una especie de nuevo 'súper héroe' de la historia reciente. La peligrosa mezcla de imágenes reales de la violencia de hace dos décadas y extractos de noticieros, les agregan a esos productos televisivos una supuesta dosis de credibilidad que terminan por hipnotizar a la juventud.

* * *

Con cierta antelación me contaron que el nuevo gigante de la industria del entretenimiento, Netflix, filmaría la primera temporada de una historia biográfica sobre mi padre, basada en hechos reales y con ciertas dosis de ficción. De inmediato le pedí a un amigo que vive en Estados Unidos comunicarse con directivos de esa compañía para ofrecerles la posibilidad de contar la mejor versión posible con nuestra colaboración, para enviarle un mensaje inequívoco a la sociedad de que esa era una historia digna de ser contada pero jamás imitada.

Tras un encuentro con algunos de los representantes de Netflix en Estados Unidos, en el que ofrecimos acceso irrestricto al extenso archivo familiar que retrata con claridad la vida de mi padre, recibimos una tajante respuesta: "No nos interesa, ya conocemos la historia, se la compramos a Javier Peña, agente de la DEA en la época de Escobar y él no está dispuesto a trabajar con la familia". En otras palabras, Netflix parecía saber mucho más de Pablo Escobar que su viuda y sus hijos, y prefirió quedarse con la versión de un hombre que persiguió a mi padre pero jamás lo conoció. El episodio me produjo mucha desconfianza frente al contenido de la serie.

En septiembre de 2016 vi completa la segunda temporada, ahora titulada *Narcos*, pues quería saber qué me contarían de nuevo sobre nosotros. Al respecto y después de verla en detalle, encontré serias contradicciones y errores. Por ello sentí que era necesario escribir y publicar un 'post' en mi página de Facebook que titulé "Narcos 2 y sus 28 quimeras". Hasta ese momento, mi página tenía escasos treinta mil 'Me gusta' y mis textos nunca superaban los cien mil lectores, pero todo cambió cuando oprimí el botón 'Publicar': una semana después, la nota había sido leída por más de un millón trescientas mil personas y los diarios de un gran número de países hicieron eco de mis críticas con titulares no exentos de dramatismo: "Hijo de Escobar ataca a Netflix". Entre tanto, en redes sociales publiqué un mensaje que invitaba a la juventud a no creer en las 'verdades' que contaba la serie y a desconfiar del contenido. Parte del texto publicado es el siguiente:

"En nombre de mi país y en honor a la verdad real de los hechos acontecidos entre los años ochenta y noventa, me veo en la obligación de exponer los gravísimos errores de una serie que se autoproclama como veraz, cuando dista muchísimo de serlo, insultando así la historia de toda una nación y de muchísimas víctimas y familias:

1. Carlos Henao (q.e.p.d.) era mi tío materno y no narcotraficante, como lo pintan en la serie. De hecho era trabajador, honesto, noble y buen padre de familia. Muy amigo de mi madre. Era vendedor de biblias, de acrílicos y de trapeadores. Siempre hablaba de hacer la paz, no la guerra; hablaba de escapar, no de atacar a nadie. Carlos Henao no fue jamás narcotraficante ni vivió en Miami. Fue secuestrado y torturado junto a Francisco Toro, otro hombre inocente. En la serie lo ubicaron en otro tiempo y lugar, e hicieron parecer que su muerte fue producto de un enfrentamiento entre policías y narcos, cuando en realidad su muerte fue una injusticia.
2. Mi padre no era hincha del Atlético Nacional, sino del Deportivo Independiente Medellín.
3. En la serie, a Dandenis Muñoz Mosquera, alias 'la Quica', lo sitúan en dos lugares al mismo tiempo: permanece al lado de mi padre, cuando en realidad había sido apresado en Nueva York el 24 de septiembre de 1991. Así que cuando mi padre se fugó de la cárcel de La Catedral —julio de 1992—, 'La Quica' llevaba diez meses detenido. En ese país fue condenado a diez cadenas perpetuas por su supuesta participación en el

atentado contra un avión de Avianca en noviembre de 1989, en el que murieron 107 personas. El entonces fiscal general de Colombia, Gustavo de Greiff, envió cartas en las que solicitó su libertad porque según él era inocente. 'La Quica' podrá ser culpable de muchos crímenes, pero no del que fue condenado.

4. Sobre el escape de La Catedral, la serie muestra una intensa balacera, pero lo cierto es que no hubo un enfrentamiento tan grande allí; solo murió un guardián que se enfrentó a quienes entraban por la fuerza. Se muestra varios soldados que le permitieron huir, pero no fue así. La fuga estaba diseñada y preconcebida desde la construcción misma de la cárcel; mi padre ordenó dejar unos ladrillos sueltos en la cerca del perímetro y escapó cuando el gobierno le notificó que lo trasladarían a otro sitio de reclusión.
5. Álvaro de Jesús Agudelo, alias 'Limón', fue conductor de Roberto Escobar, 'Osito', hermano mayor de mi padre, por cerca de veinte años. No se trataba de un aparecido, ni fue reclutado al final de la historia de la familia, como lo muestra la producción. A 'Limón' lo conocí como chofer del camión que me subía a La Catedral a ver a mi padre.
6. Tampoco es cierto que los carteles de Medellín y Cali negociaron quedarse con los mercados de Miami y Nueva York como plazas exclusivas para traficar. No era necesario. El mercado era tan grande que no se requería regionalizar el negocio.
7. La CIA no les propuso a los hermanos Fidel y Carlos Castaño crear los 'Pepes', como aseguran en la producción. Fue en realidad Fidel Castaño quien lo decidió

con la complicidad del cartel de Cali y las autoridades colombianas.

8. Mi madre jamás compró ni usó un arma. Ella siempre le decía a mi padre que nunca contara con ella para disparar armas. La serie muestra que mi madre tenía miedo y por eso compró supuestamente una pistola, pero eso nunca ocurrió en la vida real.
9. Mi padre no mató personalmente a ningún coronel Carrillo, como identifican en la serie al jefe del Bloque de Búsqueda. Sí ordenó muchos atentados contra la Policía de Colombia.
10. Quienes conocen a fondo la historia saben que mi padre se equivocó gravemente al ordenar la muerte de Gerardo, 'Kiko' Moncada y Fernando Galeano, sus socios y prestamistas. Estos dos crímenes serían determinantes en su caída y final. Ellos fueron secuestrados por el cartel de Cali y para que los liberaran prometieron entregar a mi padre y cortarle toda la ayuda económica. Mi padre y sus hombres descubrieron la traición, así como una caleta con cerca de 20 millones de dólares.
11. Al final de sus días, mi padre estaba solo. No tan rodeado de bandidos como lo muestran, pues casi todos, a excepción de alias 'Angelito' y 'Chopo', se habían entregado o estaban muertos. El ejército de delincuentes con los que aparece mi padre había dejado de existir porque ya había perdido todo su poder.
12. La serie nos muestra escondidos todo el tiempo en mansiones, pero en realidad muchas veces vivimos en tugurios con pisos de tierra y a veces sin agua ni luz. Esa manera de mostrar lo que sucedió envía el mensaje de que huir de mansión en mansión no significa sufrir en

absoluto. Pero no fue así. En la época posterior a la fuga de La Catedral no hubo tales comodidades. Esas fueron lecciones de vida que me quedaron y me ayudaron a mantener una actitud de paz frente a la vida sin querer repetir la historia de mi padre.

13. La historia del tal 'León' de Miami no es como la muestran. No vivió en Estados Unidos y tampoco fue un traidor; por el contrario, fue un hombre fiel y valiente que cayó peleando la guerra en nombre de mi padre. Murió en Medellín luego de que lo secuestraran por orden de los hermanos Castaño.
14. En *Narcos* muestran a un Pablo Escobar que odia a los habitantes de Cali, pero lo cierto es que jamás amenazó a esa ciudad. Recuerdo que un día expidió un comunicado en el que aclaró que su esposa y parte de su familia eran oriundos de esa región y que por lo tanto no tenía nada en contra de los caleños y vallunos, sino contra algunas personas que vivían allí.
15. Ricardo Prisco Lopera, de la banda de 'Los Priscos', ya estaba muerto en el momento cronológico en que aparece en la serie. Tampoco fue médico, como mencionan en uno de los capítulos.
16. Mi papá no ordenó atacar a la hija de Gilberto Rodríguez en su boda, con una bomba. En plena guerra de los dos carteles, tanto mi padre como los capos de Cali cumplieron el pacto de no tocar las familias de uno y otro bando. Varios videos decomisados les hicieron pensar a los Rodríguez que mi padre se estaba preparando para golpearlos y ello fue determinante para la detonación de la bomba contra el edificio Mónaco en enero de 1988. La serie pretende forzar situaciones

de violencia contra terceros que jamás tuvieron lugar porque mi padre no las ordenó.

17. Mi padre no nos obligó a quedarnos con él en la clandestinidad; él y mi madre siempre pensaron que lo mejor era que nos educáramos para tener oportunidades diferentes a las de ellos. Mi padre sabía bien que a su lado no tendríamos ningún futuro.
18. *Narcos* muestra que nosotros estuvimos en medio de muchas balaceras, pero en realidad fue solo una, la de enero de 1987, cuando veníamos hacia Medellín desde la hacienda Nápoles y en el peaje de Cocorná mi padre, Carlos Lehder y tres escoltas se enfrentaron a tiros con agentes del DAS. La balacera fue intensa pero ninguno resultó herido. El episodio completo está contado en mi libro *Pablo Escobar, mi padre*.
19. Los guionistas sitúan en 1993 los ataques ordenados por mi padre contra drogas La Rebaja, cuando en realidad ocurrieron entre 1988 y 1989.
20. En la vida real me hubiese gustado disfrutar de la versión tan tierna de mi abuela paterna que pintan en la serie. Qué pena decepcionarlos, pero mi Abuela Hermilda y mi tío Roberto se aliaron con los 'Pepes' y colaboraron tan activamente con los enemigos de mi padre que por eso les permitieron seguir viviendo en Colombia.
21. Nuestro fallido viaje a Alemania en noviembre de 1993 está lleno de imprecisiones. Mi abuela paterna no viajó con nosotros a ninguna parte aquella vez, ni estaba escondida con nosotros. Al contrario, ella prefería visitar a su hijo mayor, Roberto, en la cárcel de Itagüí, que a Pablo en la clandestinidad. La única vez que nos visitó

meses antes de la muerte de mi padre se le notaba el deseo de no estar con nosotros.

22. La Fiscalía de Colombia tampoco nos quería ayudar tanto como quieren mostrar; y el fiscal De Greiff participó de la encerrona que nos montaron para acorralar a mi padre, como sucedió finalmente. La realidad es que en Residencias Tequendama estábamos en condición de rehenes; éramos dos menores de edad y dos mujeres encerrados en una habitación de hotel. *Narcos* cubre con un manto de fantasía lo que sucedió y ello dista mucho de lo que en realidad se vio por televisión en aquella época.
23. En la serie muestran a una Virginia Vallejo tan enamorada que hasta rechazaba la plata de mi padre. Dos mentiras en una. Además, plantean que mi madre habló con la presentadora de televisión después de la fuga de mi padre de La Catedral. Lo cierto es que hacía casi una década que mi padre no tenía contacto con Virginia Vallejo porque él decía que ella también era amante de los jefes del cartel de Cali. Esta mujer nunca fue tan cercana a mi padre, solo una más en su larga lista de infidelidades.
24. A Residencias Tequendama mi padre no nos envió teléfonos móviles, y mucho menos con Virginia Vallejo. Está probado históricamente que él llamaba al conmutador del hotel, y yo le colgaba cada vez que lo hacía porque estaba violando sus propias reglas de seguridad; por eso él ya no quería hablar conmigo sino con mi madre y con mi hermana, pero se quedaba conversando más tiempo del prudente, a sabiendas de que sería rastreado.

25. Ninguna periodista fue asesinada frente al hotel donde nosotros nos encontrábamos. Eso lo inventó *Narcos*. El lugar vivía rodeado de periodistas, militares y policías, lo que hacía imposible que algo así pasara allí. Y para rematar, muestran a una Virginia Vallejo muerta, pero en realidad no lo está.
26. Mi padre no maltrató, insultó o humilló a sus padres y mucho menos a Abel, su papá. No existió una conversación en ese tono. Mi padre respetaba a los integrantes de su familia, muy a pesar de la violencia que ejercía de puertas para afuera.
27. Después de la muerte de mi padre, mi mamá fue citada a una cumbre en Cali a la que asistieron más de cuarenta grandes jefes mafiosos del momento. Quien en realidad nos salvó la vida a mi madre y a mí fue Miguel Rodríguez, no Gilberto, su hermano. Como se sabe, en esa reunión los capos nos despojaron de todos los bienes de mi padre a cambio de respetarnos la vida.
28. En uno de los capítulos, mi abuela le reclama a mi madre por traicionar a mi padre. Nada más errado porque en la vida real mi abuela paterna y sus hijos sostuvieron contactos secretos con el cartel de Cali. Esta traición familiar está ampliamente descrita en mi libro *Pablo Escobar, mi padre*, donde relato que mi abuela incluso llegó al extremo de negar ante un notario del municipio de La Estrella, el nombre y la existencia de su hijo Pablo Emilio Escobar Gaviria".

CAPÍTULO 13

El derecho a una segunda oportunidad

No ha sido fácil salir de la sombra a la que los pecados de mi padre me confinaron, pero mis ganas de vivir siempre han superado el miedo. Tenía 16 años cuando todo cayó en pedazos y el mundo nos cerró las puertas. En busca de una oportunidad lejos de las bombas y la muerte, Alemania nos devolvió a patadas de su territorio porque éramos la familia del capo. De regreso a Colombia, el piloto les notificó a los pasajeros y a la tripulación que el vuelo debía desviarse, pues Francia prohibía que los parientes de Pablo Escobar, dos mujeres y dos menores, cruzaran su espacio aéreo.

Al aterrizar en Bogotá, las autoridades judiciales nos amenazaron con dejarnos sin escolta si no nos alojábamos en el hotel que nos indicaban. Para cerrarnos aún más cualquier posibilidad, se cercioraron de que ninguna aerolínea nos vendiera tiquetes. Teníamos prohibido buscar un sitio para estar a salvo. Ni el Vaticano ni el Comité Internacional de la Cruz Roja ni las Naciones Unidas... todas las puertas estaban cerradas.

Entre tanto, el Gobierno colombiano y la Fiscalía General de la Nación, 'preocupados' por nuestra seguridad, encargaban de nuestra protección a reconocidos criminales, responsables de las desapariciones de la niñera de mi hermana, de nuestra profesora de arte y cultura, de la administradora del edificio donde vivíamos en Medellín y de dos trabajadores de mi papá.

Después de la muerte de mi padre una jauría de criminales exterminaron todo lo que tuviera el sello de Pablo Escobar, y el año de 1993 concluía con los dientes afilados de la guerra clavados en nuestro cuello mientras pagábamos en efectivo y en bienes cada falta cometida por mi padre. Estábamos sentenciados a muerte si nos atrevíamos a guardar así fuera una sola moneda para subsistir. En virtud de que fueron socios y amigos en el pasado, los enemigos que heredamos de mi padre conocían uno a uno los bienes que desconocían las autoridades y hasta nosotros mismos. Este libro evidencia que mi padre no siempre le contaba el ciento por ciento de sus historias a todo el que se apareciera por ahí.

Quedamos entonces a merced del enemigo y de mis familiares paternos que se les unieron para dejarnos sin nada, pero de hecho es lo que agradezco hoy porque de no haber sido así no sería un hombre verdaderamente libre, pues seguiría atrapado por el dinero de mi padre. Nos vimos obligados a abandonar el apellido, ya que fue la única posibilidad de escape que tuvimos y ello implicó adoptar una nueva identidad amparados en la ley y el afán por sobrevivir. Eso, por supuesto, jamás fue una renuncia al amor hacia mi padre, sino la única oportunidad para salvar mi vida y la de mi familia, para recuperar también el derecho a la paz, a la educación, y alejarnos para siempre de un país que no nos quería y de una violencia que amenazaba con alcanzarnos. Cuento en los dedos de una mano los amigos de mi padre que no se aprovecharon ni se quedaron con nada, y me sobran muchos dedos.

En 1982, mi madre organizó la subasta Pincel de Estrellas en favor de Medellín sin tugurios. Mi padre subió al atril y le agradeció el éxito del evento en el que él y sus amigos donaron algunas de las obras exhibidas.

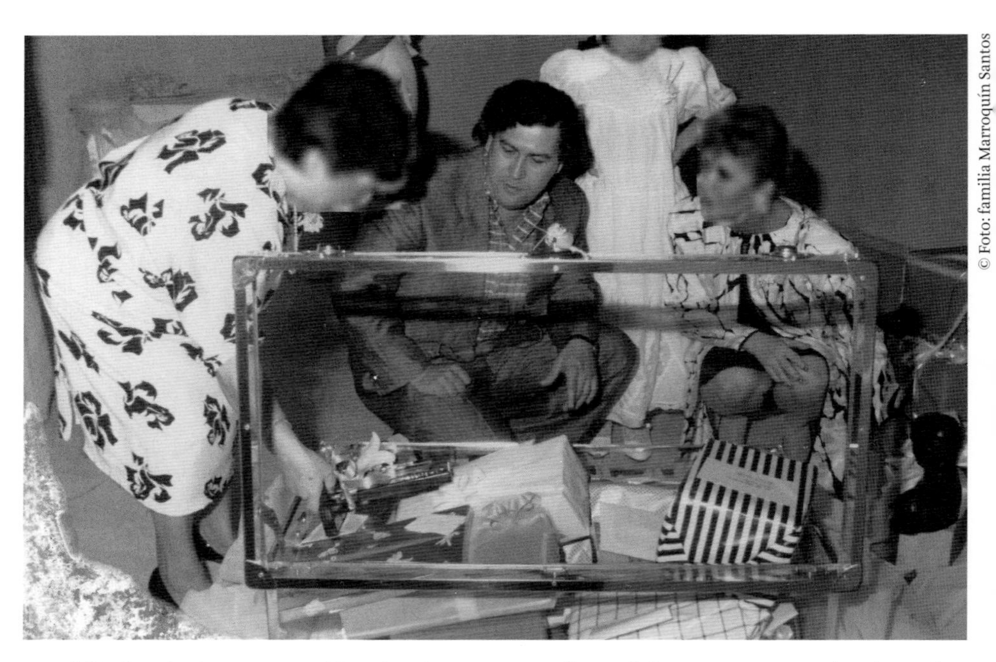

▲ El día de mi primera comunión mi padre estuvo pendiente de la urna que contenía mis regalos.

Además de acompañar a mi padre en momentos claves, 'Malévolo' le dio identidad a la hacienda Nápoles: diseñó el logotipo y los avisos de comunicación interna de la hacienda.

'Malévolo' en plena acción. Tardó un año en construir cada uno de los enormes animales prehistóricos de Nápoles.

En la cárcel de La Catedral, mi padre observa bailar a mi hermana Manuela.

Pese a la clandestinidad, mi padre se las arreglaba para asistir a los eventos familiares más importantes. Aquí en la hacienda Nápoles en el cumpleaños de mi hermana. Se vistió de blanco, a regañadientes.

En el edificio Mónaco, el día de mi primera comunión. Él y yo vestimos idéntico traje, pero se negó a ponerse la corbata.

Aquí, mi padre llega a la hacienda Nápoles a jugar fútbol, su deporte preferido. ▼

Mi padre y mi madre, en una fiesta en Puerto Triunfo, con Mario Castaño, alias 'Chopo', y Otoniel González Franco, alias 'Otto' (de gorra). ▶

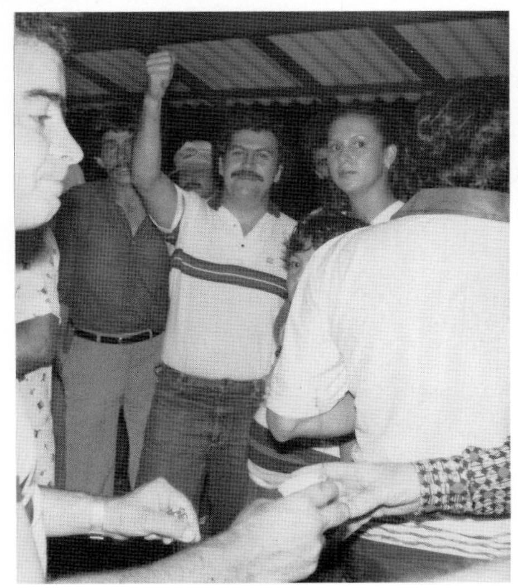

Este es el profesor de matemáticas que se convirtió en el mago preferido de mi padre. Sus trucos eran muy aplaudidos en la hacienda Nápoles.

Pablo Escobar, mi padre, con jóvenes a comienzos de los años 80. ▼

La búsqueda de una segunda oportunidad me ha llevado a ofrecer cerca de un centenar de conferencias a las que han asistido no menos de 50 mil personas.

En Nuevo Laredo más de mil estudiantes escucharon mi disertación "Pablo Escobar, una historia para no repetir".

◀ En Monterrey ofrecí una charla gratuita a menores en su mayoría provenientes de un centro de reclusión.

© Foto: Pablo Cubillas

La Comisión de Justicia del Senado mexicano me invitó a compartir mis experiencias y las de mi país en referencia a la violencia asociada al narcotráfico. Aquí con los legisladores Roberto Gil Zuarth, Luis Fernando Salazar y Víctor Hermosillo Celada.

© Foto: Pablo Cubillas

Luego de mi encuentro con el Senado mexicano, en una cena aparecieron otros senadores interesados en mis puntos de vista. Aquí con Blanca Alcalá Ruíz, Mario Delgado Carrillo, Mariana Gómez del Campo Gurza, Luisa María Calderón Hinojosa y Francisco García Cabeza de Vaca.

© Foto: John Otis

En mis conferencias me he encontrado con víctimas de mi padre. Al final de una charla en Guadalajara, se acercó Inés Sarmiento y me dijo que su padre fue secuestrado por el mío. “Yo sufrí por las cosas que tu padre hizo”, me dijo.

Huimos rumbo a Mozambique, la única esperanza después de un año de búsquedas y de duelo, pero todo acabó cuando palpamos la realidad de un país devastado por la guerra civil, las necesidades y el hambre, donde no había comida ni garantías para los nacionales y menos para nosotros. El plan sobre el que se edificaban nuestros próximos diez años de vida se desvaneció en cuatro días, así que volvimos a América.

La promesa de salir de una vez por todas de la oscuridad comenzó a dibujarse una cálida mañana, horas antes de la Navidad en Buenos Aires, durante el verano de 1994. Aterrizamos procedentes de Maputo con muchas maletas y pocas alternativas. Días atrás solía ser el hijo del capo más poderoso de todos los tiempos, pero ahora era Sebastián Marroquín, un transeúnte más con anteojos de nerd, sin dinero, sin la mínima noción siquiera de cómo usar el transporte público, sin más planes que mantenerse con vida con sus familiares.

Durante cinco años trabajamos duro para comenzar a escribir las primeras líneas de nuestra propia historia. Estudiábamos, conocíamos gente, mi mamá trabajaba, éramos una típica familia latinoamericana que intentaba construir un futuro estable, con un trabajo honesto. Hasta que nuevamente el apellido regresaba a cobrarnos cuotas de una deuda ajena. Nunca estuve de acuerdo con la idea de que los hijos heredamos los delitos de los padres. Esta vez esa deuda se llevó casi dos años de privación de la libertad de mi madre por el único delito que cometimos: el del parentesco, que no es ningún delito. Mi mamá y yo fuimos detenidos como resultado de un complot fraguado por un juez federal, un abogado y un contador, y miembros de la Policía Federal, todos de Argentina. Y a pesar de que desde el primer día era evidente que se trataba de una causa judicial diseñada para sacar provecho a costa de nuestra historia familiar y de nuestra tranquilidad, tuvieron que transcurrir más de siete años de exhaustivas investigaciones por lavado de dinero y otros delitos hasta que finalmente, y luego de un dictamen pericial, la Corte Suprema argentina ordenó el cierre definitivo del caso y con él nuestra absolución total. Ocho fiscales, uno tras otro, decían una y otra vez que el proceso estaba plagado de incongruencias, exabruptos y violaciones a los derechos humanos.

Las sombras en las que estaba acostumbrado a vivir por miedo a ser reconocido se disiparon poco después de quedar en libertad, cuando me convencí de que tenía una historia para contar, una historia para no repetir. Los medios de comunicación a los que tanto temía se convirtieron en un aliado para contarle al mundo que ya estaba listo para encarar la historia de mi familia como una enseñanza para las futuras generaciones, para mostrarme como la prueba irrefutable de que cada persona tiene en sus manos las herramientas necesarias para cambiar el mundo, para pedir perdón por los pecados cometidos por mi padre y tener una segunda oportunidad en la vida para ser reconocido por primera vez como lo que todos somos: individuos.

El documental *Pecados de mi padre*, estrenado en 2009 después de cuatro años de producción, condensaba mi primera experiencia de reconciliación con otros hijos que, como yo, quedaron huérfanos en la absurda guerra personal de mi padre contra la política tradicional y con un ministro de Justicia que perdió su vida por denunciarlo en los años ochenta. Un primer encuentro con Juan Manuel, Claudio y Carlos Fernando Galán Pachón, hijos del más seguro ganador y candidato a la presidencia, Luis Carlos Galán Sarmiento, asesinado también por la organización de mi padre y con Rodrigo Lara Restrepo, hijo del Ministro fallecido, fue la respuesta a décadas de angustia y al cansancio por arrastrar el lastre de una culpa que no era mía.

Además, fue la excusa para pisar nuevamente mi tierra después de catorce ininterrumpidos años de ostracismo, para acercarme por primera vez en mi vida a la tumba de mi padre y poder decirle entre lágrimas que lo amaba antes de darle mi último adiós. Necesitaba llorar a mi padre, para desprenderme definitivamente de su legado del mal y seguir en búsqueda de una nueva vida en la que debería encontrar la forma de caminar por la delgada línea del amor a un padre o la de la apología y el irrespeto a sus víctimas. Un equilibrio bastante complejo de lograr en una cultura como la que me vio crecer: honrarás a padre y madre. Difícil dejarlos a todos contentos y no ofender a nadie con mis acciones, encaminadas a subsistir dentro de la legalidad más absoluta.

En Argentina, Colombia y Ecuador grabamos largas horas frente a las cámaras desnudando por primera vez mis miedos, meditando cada palabra para evitar abrir heridas. Días después del estreno, en Mar del Plata, me fueron llegando invitaciones de diversas partes del mundo para presentar ese primer acercamiento a mi historia. Poco a poco se abrían las puertas que me habían cerrado cuando lo único que buscaba era vivir.

El primer país que me dio una visa fue Holanda, luego Polonia, España, Canadá, Japón, Bélgica y Alemania, donde durante el Festival Internacional de Cine de Múnich su director me pidió perdón micrófono en mano, dentro de un moderno cine repleto de público y a nombre de su pueblo, por habernos echado en el pasado de allí y sin razón.

A lo largo de su trayectoria, el documental fue premiado con siete galardones internacionales. Estrenó el Sundance Film Festival en Estados Unidos y la prensa no ahorró elogios porque había sido el mejor documental proyectado en ese evento en muchos años. En el Festival de Cine de Miami ganamos otros dos premios, uno del jurado y el otro votado por el público. En La Habana en su prestigioso Festival nos llevamos idéntico reconocimiento. En Osaka, Japón, fuimos galardonados al mejor documental en el Latin Beat Film Festival, y no olvido la emoción de verlo con los subtítulos en japonés. Ecuador y otros países también nos premiaron y el documental pasó a ser el más visto y difundido en el mundo en la historia de los documentales en español. Seis años después de su estreno en cine, casi semestralmente, los canales de cable lo transmiten y por eso su mensaje no ha perdido vigencia.

Pero eran otros los reconocimientos y las nuevas historias que se me acercaban por las que sentía que este esfuerzo personal valía la pena. Las estatuillas van y vienen, pero les doy mayor significado a experiencias como cuando en Varsovia, Polonia, luego de la presentación de la cinta, se acercó un joven que no paraba de llorar y me dijo al oído que era uno de los hijos del jefe de algún cartel Polaco y se debatía entre el amor y el rechazo a su padre; le compartí que a mi juicio nosotros los hijos no veníamos al mundo con la misión de ser jueces de nuestros padres, sino sus afectos más importantes y que si él recibía amor genuino de su padre, era menester que se lo correspondiera sin que por ello debiera convertirse en su cómplice.

Al día siguiente de su salida al mercado recibí miles de mensajes a través de Facebook, pero uno me llamó la atención. Se trataba de otro de los hijos de un jefe del cartel de Cali, exiliado, estigmatizado y huérfano como yo. Me decía que había visto el documental con su familia y que entendía perfectamente el lugar desde el que yo hablaba. Fue una sorpresa muy grande y muy positiva porque mi mensaje no solo les estaba llegando a las víctimas de mi papá sino también a los hijos de sus eternos enemigos.

Las redes sociales me permiten recibir mensajes de los países más lejanos y con las historias más increíbles. Es muy frecuente recibir cartas en las que personas totalmente desconocidas confiesan ser hijos o hijas de mafiosos de India, Grecia, Italia, España, Turquía, Palestina, México y Colombia. Resalto uno de esos mensajes enviado desde la India: "Hola, Sebastián. Me puedo relacionar con su tipo de vida fácilmente señor, porque mi padre de alguna manera vivió la misma. No todo el mundo tiene el coraje y la fuerza de vivir después de esos cambios tan duros. Su admirador. Sudarshan".

En Barcelona el documental ocupó las primeras planas y los cines donde se exhibía estaban abarrotados, las colas eran impresionantes y muchos se quedaban sin entrada y persistían bajo la lluvia. Fue el documental inaugural de DocsBarcelona, sin duda el mejor festival de la ciudad.

Así fue como María José Pizarro se enteró de mi paso por Barcelona y se dio a la tarea de localizarme a través de la Casa Amèrica Catalunya. Por aquellos días ella también realizaba un documental sobre su padre, el comandante del M-19, Carlos Pizarro Leongómez, asesinado el 26 de abril de 1990. Seguramente ya sabía que Carlos y Fidel Castaño habían sido los verdaderos autores intelectuales de la muerte de su papá y no el mío, como sostenían las autoridades, y por ello me dijo que quería entrevistarme. Al final perdimos el contacto, pero me alegró saber que en abril de 2015 estrenó con éxito la cinta sobre su padre.

En Vancouver, Canadá, después de proyectar mi historia en la pantalla grande, vi que el público formó una fila para acercarse al micrófono con la intención de preguntar, y no olvidaré la cara de la primera persona de la cola, una mujer que por alguna razón lloraba desconsolada y lo primero que alcanzó a decir fue: "Juan Pablo, ¿te puedo dar un abrazo?". Después de un par de minutos en los que nos abrazamos, ella pudo explicarme el motivo de sus emociones: era familiar de una víctima que viajaba en el avión que mi padre hizo explotar en el aire en noviembre de 1989. Se trataba de un Boeing 727 en el que viajaría César Gaviria Trujillo, el sucesor de Galán, quien nunca subió al avión. Era el vuelo 203 de Avianca, donde lamentablemente perecieron más de 100 almas inocentes.

La calma y tranquilidad posteriores al abrazo me dejaron muy conmovido, y como si fuera poco, acto seguido, la señora me dijo: "Le presento a la mamá, la hermana y la sobrina de la víctima". Fue durísimo para mí encontrarme ahí confrontado por la propia historia de mi padre y las caras de sus víctimas, pero en ellas no había rencor ni odio alguno contra mí y mi familia, lo que me sorprendió aún más porque cualquiera esperaría lo contrario. Agradecieron mi gesto de pedirles perdón a los Galán y los Lara, y les reiteré mi pedido de indulgencia por el dolor que mi padre les había causado.

Así comenzó nuestro lento proceso de reinserción en la sociedad global; cada vez más personas nos reconocían como una familia a la que también le tocó sobrellevar el peso de una guerra a cuestas, con parientes muertos, desaparecidos, con secuelas físicas y psicológicas, con cicatrices y con la necesidad de seguir construyendo un entorno de tolerancia, de respeto y de humildad suficiente para reconocer el dolor como sinónimo de mi apellido.

Mientras más se proyectaba el documental *Pecados de mi padre*, más me acercaba a la realidad de mi país, más víctimas de mi papá iban dejando descubrir ante mí su dolor y más me convencía de contar cómo había sido mi vida como primogénito de Pablo Escobar.

Así que decidí escribir. *Pablo Escobar, mi padre* se convirtió en poco tiempo en un *best-seller* internacional y a finales de 2016 ha sido traducido a más de trece idiomas. No solo fue el resultado de un riguroso ejercicio de investigación desempolvando historias y testimonios, sino también de una muy dolorosa e íntima confrontación con mi propio pasado.

Una vez publicado mi libro decidí aceptar entrevistas radiales en vivo, la primera de ellas por invitación de Andy Kusnetzoff, un joven y exitoso periodista argentino. Llegué a la cabina y en una de las líneas telefónicas de la emisora me esperaba una sorpresa. Era Jorge Lara, hijo del ministro Rodrigo Lara Bonilla. Me sorprendió que aceptara estar en una entrevista conmigo porque su hermano Rodrigo fue quien participó en el documental. Hasta ese momento Jorge tenía decidido mantener un bajo perfil ante los medios de comunicación. La entrevista se convirtió para mí en la refrendación pública de que perdonar es sabio, sanador y sensato. Millones de personas escucharon nuestro diálogo en Argentina ese inolvidable 19 de noviembre de 2014, pero llamaron la atención estas palabras de Jorge:

"... Como Sebastián y yo sabemos, los dos somos víctimas. ¿Disculpas? A mí se me hace que es un gesto muy noble porque está tomando una posición que no le correspondería a él, le correspondería a la persona que las hizo, pero la nobleza la llevas por dentro. La llevas o no la llevas. Y Sebastián para mí es una persona muy noble porque le pueden inventar cuentos, que hizo, que no hizo... Mira, yo sé la persona que conocí, yo sé que es una persona que se ha puesto delante de un país en el que muchos quieren que se calle, donde muchos no lo quieren ver porque saben que tuvo el tiempo de hablar con su padre, de vivir, y es una persona indeseada por mucha gente de este país y del mundo, diría yo. Pero yo lo que he conocido de él es que es una persona bonachona, una persona simpática, una persona querida, una persona que le ha dado la vuelta al mundo hablando de paz. Y cuando él me pide perdón por lo que hizo su padre, pues de qué otra manera puedo recibirlo que con los brazos abiertos, diciendo 'hombre, los dos somos víctimas, pero siento que más víctima eres tú porque desafortunadamente tienes que cargar con un recuerdo que la gente hoy en día cuando piensa en Escobar piensa en terror'. A Sebastián lo admiro porque ha salido y ha puesto la cara. ¿Cuántos hijos de mucha gente que ha estado también involucrada en el narcotráfico se han escondido o han seguido haciendo lo que hacen sus padres? Sebastián no. (...) Entonces, cuando Sebastián me pide perdón, yo qué le puedo decir. ¡Hablemos de lo que pasó y no me pida perdón! ¡Mostremos que sí es posible y que el rencor no nos va a llevar a nada!".

Jorge no solo aceptó mi amistad, sino que gracias a él obtuve uno de los reconocimientos más importantes y significativos de mi vida. Estando en Madrid me presentó a Mercedes, una amiga de su familia desde los años de exilio después de la muerte de Rodrigo Lara Bonilla. Ella estaba emocionada con el mensaje de reconciliación del documental y se propuso llevarlo hasta la Organización de las Naciones Unidas.

Pasaron los meses y con ellos desapareció la esperanza de que la ONU se relacionara conmigo y el documental, hasta que después de varios correos con Carlos Jiménez Rengifo, responsable para España del Centro Regional de Informes de las Naciones Unidas para Europa Occidental, fue aprobada la exhibición para el 21 de septiembre de 2010 con ocasión de la conmemoración del Día Internacional de la Paz. La presentación se llevaría a cabo en el Instituto Goethe de Bruselas, Bélgica. Ese día fue proyectado un mensaje del secretario general Ban Ki-moon, grabado especialmente para la ocasión. El auditorio estaba repleto y muchos querían participar y hacer preguntas. Nunca me hubiera imaginado mi nombre pronunciado en Europa en un contexto de Naciones Unidas. Yo era el hijo de Pablo Escobar y ahora estaba sentado en la más importante tribuna de la defensa de los derechos humanos y la paz mundial.

Esta experiencia me llevó también a la Cumbre Iberoamericana de la Creatividad, en Avilés, al norte de España, durante la penúltima semana de julio de 2011. Se trataba de un encuentro en el que cineastas, actores y delegados de las Naciones Unidas debatirían sobre la lucha contra las drogas, la igualdad de género, la trata de personas y la protección del medio ambiente.

Mi postura, no es un secreto, ha sido en abierta defensa a la legalización y regularización de las drogas, pues sería la única manera de acabar con la rentabilidad del narcotráfico, que patrocina gran parte de la violencia en el planeta, la venta de armas en el mercado negro, la corrupción y la infiltración de las instituciones del Estado gracias a su alto poder económico. Así se lo expuse a un alto oficial antidrogas de Naciones Unidas que me presentaron como uno de los mayores especialistas en temas de narcotráfico del mundo. Aunque coincidíamos en buena parte de las tesis, al momento del postre el oficial me manifestó que lamentablemente en su trabajo su opinión personal no cambiaba en nada las cosas. Como era de esperarse, el oficial intervino en las conferencias defendiendo la bicicleta estática en la que se convirtió la lucha global contra el tráfico de drogas. Hoy son más de quinientas las nuevas sustancias que a veces ni se consideran ilícitas y están disponibles en el mercado, según Naciones Unidas. Si las comparo con la escasa variedad que había disponible en el mercado en los años ochenta, es un claro indicador de que su crecimiento exponencial es imparable. Es menester aprender a convivir con esa realidad humana de que todos somos unos adictos en potencia, pero con los valores humanos y una educación adecuada y temprana podemos tener éxito frente al problema y llevar al mínimo impacto esta epidemia.

En mi exposición, por el contrario, invité a los asistentes a liberarse del prejuicio y les pedí que cerraran los ojos y que solo por un momento imaginaran un mundo donde prohibiéramos la pizza. Escuché cómo todos los presentes rieron al instante pero entonces les expliqué que si se prohibiera la pizza, bajaría su calidad ante la imposibilidad legal de que el Estado la controlara y aumentaría su precio y el margen de ganancias para quienes se atrevieran a traficar con napolitanas. Pero también les dije que como había tanta gente que comía pizza, la demanda seguiría en aumento y finalmente muchos matarían por ella para dominar el mercado. Lo mejor, concluí, era seguirlas vendiendo sin restricciones y regularizarlas para que los narcos no le siguieran metiendo vidrio molido a la cocaína con el fin de aumentar su volumen y rentabilidad en detrimento de la salud del consumidor. Defendí la educación como el mayor recurso disponible para enfrentar el problema de una manera eficaz, mensurable, sostenible y económicamente viable. Recordé que esa fue la manera como mi padre me educó a los 8 años respecto del consumo de drogas, con un resultado sorprendente, pues yo era el niño más rodeado de droga de toda Colombia, pero apenas me atreví a probar la marihuana a los 28 años. Pero por más años transcurridos de buen comportamiento en la soledad del exilio, el espacio que me ha devuelto una buena cantidad de países no me lo ha dado aún mi país.

El documental y el libro trajeron entrevistas e interrogantes muy duros que siempre estuve, como lo estoy ahora, dispuesto a responder, y hacerme cargo de cada palabra dicha y escrita por mí. Pero las publicaciones también nos trajeron oportunidades clausuradas hasta ese momento, como mi deseo de ser papá.

Mi esposa y yo queríamos ser padres pero éramos conscientes de que tener un hijo era someterlo a que lo persiguieran también por los delitos de su abuelo. No nos parecía justo, así que tuvieron que cambiar muchas circunstancias en nuestras vidas hasta que comenzamos a considerarlo. Los efectos positivos del documental sin duda inclinaron la balanza a favor de darnos el permiso de vivir esa experiencia. No fue fácil. Aunque clínicamente no había problema y los médicos aseguraban que no existía impedimento físico alguno, seguían pasando los días y la noticia del embarazo no llegaba.

Viajamos a Colombia a ver si algún tratamiento podía dar resultados y mi esposa fue intervenida quirúrgicamente, pero tuvimos que regresar a Buenos Aires con una nueva decepción después de haber probado hasta la inseminación in vitro. Tenía previsto un segundo viaje a Canadá y contaba con una visa temporal de trabajo, todo un logro para mí, para dictar una charla invitado por la Sociedad John Howard, una institución con más de 150 años de trayectoria apoyando a los expresidiarios en su proceso de reinserción social y económica en la sociedad. Una noche antes del viaje, y después de cinco años de infructuosos tratamientos, concebimos a nuestro hijo con el permiso de Dios.

Hoy Juan Emilio pregunta todo, pero tomé la decisión de contarle la historia de manera gradual, sin ambigüedades ni medias tintas, pero a su tiempo, acorde con su edad.

Cuando apenas tenía un año y medio de edad le preguntamos dónde estaba el abuelo Pablo. El niño se puso de pie, señaló una fotografía de mi padre, la tomó en sus manos y al sentarse le dio un beso. Quiero que se relacione con su abuelo desde el amor y por eso los viajes de aventura, las motos, las carreras de coches, los animales del zoológico de la Hacienda Nápoles y todas las locuras en los aparatos de motor, son parte de las primeras historias y fotos que le comparto a diario. Siento que mi papel como padre era un deber pendiente. Respeto a quienes lo odian, pero Pablo Escobar era mi padre y pido reciprocidad en mi derecho a amarlo como hijo.

Así que pensando en cómo contarle a Juan Emilio la historia, la de su abuelo de guerra y la de su papá dedicado a la paz y a la reconciliación, decidí dedicarle mi libro *Pablo Escobar, mi padre*, el 15 de febrero de 2015. Estoy seguro de que solo con la verdad será posible lograr que los errores no se repitan y que mi hijo pueda vivir su vida sin cargar la culpa de nadie.

"Juan Emilio: Querido hijo de mi alma. Tienes en tus manos la verdadera historia de tu abuelo Pablo. Esta es la única historia, no te dejes confundir por las otras versiones que están todas amañadas. He aquí en estas páginas, no solo una sino miles de historias y de experiencias de vida que espero y te pido jamás repitas, pues ya otros las vivimos y las sufrimos y a Dios le suplico que no te las de a ti para revivirlas, sino para extraer exclusivamente de ellas un legado positivo, de paz y bien para ti y para toda la humanidad.

Debes leer mi libro, no por imposición sino porque debes ser el mejor conocedor de estas que son también nuestras historias, las del abuelo, las de la familia y también la mía propia, para que no cometas los mismos errores y no las repitas.

No permitas que tus orígenes te definan como persona ni como hombre, pues nuestro mayor acto de valentía, humildad y humanidad es permanecer aferrados a la paz y a la no violencia.

Vive en paz con tu consciencia, alma y corazón; sé un buen hombre, ese es el deber de cada ser humano. No emprendas ninguna industria de la maldad o ilicitud, te sobra talento como para desperdiciarlo así.

Este es el testimonio de mi vida al lado del mejor padre del mundo: Pablo Escobar, tu feliz abuelo. Pero también es el testimonio que da una fe elocuente sobre las negativas consecuencias que pueden traerle a un ser humano, a su familia y a su país, las erradas decisiones y elecciones personales.

En los diversos caminos que te proponga la vida, aprenderás que a cada paso nos toca elegir entre el Ying o el Yang, porque alguna vez mi padre también me dijo que no todo lo que parece pecado ante los ojos de los hombres, lo es ante los ojos de Dios. El amor incondicional que siento por tu abuelo, tampoco me dejó ciego y sin deseos de reconocerle al mundo lo que él hizo mal y lo que hizo bien.

Lamento que te hayas perdido el privilegio de conocer en vida a tu abuelo, porque en la familia fue el hombre más amoroso del mundo. Yo lo viví desde que nací, lo sentí, lo experimenté, lo percibí y le fui leal hasta su muerte, igual que tú debes serlo con nosotros, tus padres, y con tus amigos.

Si te mantienes leal a ti mismo, nada te faltará. Jamás confíes en los tíos y tías por parte de tu abuelo, pues en sus corazones solo habita maldad. No te dejes timar por su falso amor, vive lejos de ellos y de su oscuridad, pues vendieron a tu abuelo y a tu abuela Tata y a tu tía Juana y así lo hicieron con tu mamá y conmigo.

Vive la vida con buena fe y optimismo y persevera como decía tu abuelo y "mantén firme el espíritu de lucha" pero por las nobles cosas de la vida.

Cuídate mucho en tu viaje por la vida y recuerda que no podemos cambiar el pasado, pero sí el presente y el futuro.

Siento un amor indescriptible e inconmensurable por ti, que solo cuando seas padre entenderás. Soy incondicional a ti, somos y seremos para siempre los más leales amigos. Soy lo que soy por ti y para ti. Tu padre, que te ama infinitamente con todo mi corazón te comparto lo que sé y todo lo que vi. Te amo, J. E. Bendito seas, mi noble ratón. Tu papá, Juan Pablo Escobar".

Y así firmé el primer libro, con mi nombre original, porque no quería que mi hijo dudase siquiera de mi identidad. Ahora soy Sebastián Marroquín y mi gran tarea es lograr que él aprenda a diferenciar el pasado del presente y el futuro.

Este segundo ejercicio de escritura me ha permitido reconocer las oportunidades que han surgido después de decidirme a salir de las sombras, después de tomar la decisión de contar la historia de mi padre in fraganti y de paso la mía, que es distinta porque se cimienta en mis convicciones de paz.

Dejé de ser el muchacho que no conocía más que bandidos como 'Chicha', 'Séforo', 'Cejitas', 'Icopor', 'la Yuca', 'el Flaco', 'Pinina', 'Otto' y 'Chopo', entre otros muchos, para estar rodeado de activistas, defensores de derechos humanos, víctimas transitando un camino de perdón y reconciliación, senadores, políticos, banqueros, presidentes, científicos, artistas, filántropos y escritores.

Así, a medida que el libro se conocía en más y más lugares del planeta, me fui metiendo en el mundo de las conferencias. Di los primeros pasos en Buenos Aires cuando la diputada Margarita Stolbizer, integrante de la Comisión de Adicciones y Control del Narcotráfico de la Cámara de Diputados me invitó a formar parte del panel de conferencistas para compartir experiencias con diversos sectores de la sociedad con la presencia del i-GEN, Instituto de Estudios para una Nueva Generación. Ahí dije que si a mi padre se lo comparaba con los narcos de la actualidad "parecería un niño en pañales" y claro, se produjo un gran escándalo. Los medios de comunicación calificaron mis palabras como desatinadas, cuando en realidad desconocían el crecimiento del tráfico y consumo de drogas en el mundo.

Un importante banco de Brasil me invitó a dictar una charla en São Paulo en razón de la traducción al portugués de mi primer libro, justo a la misma hora de un partido de fútbol en el que jugaba la selección brasileña. El auditorio estaba lleno, pero cinco personas me llamaron la atención por la manera como vestían y porque usaban gorras de diferentes colores. Al día siguiente supe que eran de los principales miembros del Primer Comando de la Capital, PCC, quizá el cartel de narcotráfico más grande de la ciudad. Ellos habían ido al lugar a escuchar mi mensaje, en el que solo hice referencias y reflexiones en torno a la vida de mi padre.

Pocas semanas después la Secretaría de Deportes, Juventud y Prevención de Adicciones de la Gobernación de La Rioja, en Argentina, me convocó a un ciclo denominado Cine-Debate, en el que por espacio de una semana la Policía local, funcionarios de la Gobernación, escuelas y otros sectores para el público en general hablamos de las lecciones de vida que nos deja el narcotráfico. Me impresionó que en su discurso inaugural el vicegobernador no ahorró elogios hacia mi labor como promotor de la paz.

Un simpático episodio me ocurrió con Jared Cohen, director de Google Ideas, quien a través de un correo me invitó a una conferencia en Los Ángeles, California, en un ciclo que ellos llamaron "Redes ilegales, fuerzas en oposición". Él me dijo que intervendría para ayudarme a conseguir la visa estadounidense, pero le expresé mi incredulidad porque ya en el 2010 me la habían dado por cinco años pero a los tres días me la cancelaron. Como era de esperarse y creyendo que la influencia de Google podría lograr una visa, fui a la embajada estadounidense en Buenos Aires, pero la funcionaria que me atendió, una rubia vestida de uniforme impecable y mirada penetrante, me dejó frío.

—¿Y usted qué está haciendo por acá? A qué vino, si sabe que no le vamos a dar la visa.

Quedé sin palabras y salí de ahí renegando por los 140 dólares que le había regalado a la embajada. Al final, terminé en la sede de Google en Puerto Madero, donde realizamos una videoconferencia.

La Cumbre Iberoamericana de la Creatividad me traería más sorpresas a través de Pilar Varela, alcaldesa de Avilés, España, quien me citó en privado para invitarme al día siguiente a visitar una prisión cercana para ofrecer una charla gratuita y conocer de cerca un novedoso programa de reducción de la violencia y mejoramiento de la convivencia interna. Ya en el encuentro con los reclusos de la unidad terapéutica del centro penitenciario de Villabona, hablé de mis experiencias de vida; llegado el momento de las preguntas, un preso pidió la palabra y me dijo:

—¿Por qué no les cuentas a mis compañeros sobre la barriada Moravia?

—Perdona, no te entendí bien —respondí desconcertado.

—Me refiero al basurero municipal de Medellín en el sector de Moravia donde vivían cinco mil familias a las que su papá les regaló más de mil casas. Mi familia y yo fuimos uno de los beneficiados con el programa de Medellín Sin Tugurios.

Todo imaginé menos que al otro lado del Atlántico me encontraría en una remota prisión de España con un preso que sentía gratitud por mi padre.

Una de las conferencias en la que me he sentido más extraño se realizó en la isla de Barbados, cuando me invitaron a la cumbre para la vigilancia de la cuenca costera del Caribe y de seguridad marítima 'CABSEC 14', a la que asistían autoridades gubernamentales, militares y navales del Caribe, Estados Unidos y Canadá. Prácticamente yo era el único civil, pero no pude asistir porque en ese momento me encontraba en el Magdalena Medio hablando con varias personas para este libro, así que optamos por una videoconferencia.

Al finalizar la charla y ya en la sección de preguntas, se puso de pie un general con uniforme del Ejército de mi país. Pensé que me diría lo peor, pero muy por el contrario me pidió perdón en nombre de su institución por la forma como fue manejada la guerra contra mi familia durante la búsqueda de mi padre. Agradecí el mensaje y respondí que me sentía optimista de la Colombia que venía gracias a ese cambio de actitud en nuestras fuerzas del orden.

El enorme y poderoso Banco Itaú de Brasil me contrató para una conferencia con sus más altos ejecutivos de la región, en un hotel con viñedo propio en la provincia de Mendoza. Los banqueros de casi todos los países de Latinoamérica se tomaron fotos conmigo y quedaron conmovidos con mis historias. Aproveché la oportunidad para manifestarles la importancia de que los ciudadanos tuviésemos derecho a una cuenta bancaria para existir y como una muestra de legalidad y transparencia en la sociedad. Hice ese comentario porque en estas dos décadas en varias ocasiones otras instituciones bancarias me han cerrado cuentas solamente por ser el hijo de Pablo Escobar.

México se ha convertido en un gran apoyo para mi historia de vida y mis mensajes de paz a la juventud y por ello me invitan con cierta frecuencia. La Comisión de Justicia del Senado de la República Mexicana me convocó para dar una charla sobre "las consecuencias del narcotráfico en nuestra sociedad y en la familia". La mesa directiva estaba encabezada por el senador Roberto Gil, quien se ha manifestado a favor de la legalización de la marihuana en su país. Me sorprendió ver la enorme pancarta colgada en las paredes de tan respetada institución: "Encuentro de la Comisión de Justicia con Sebastián Marroquín".

Guadalajara es una ciudad que aprecio por la gentileza de su gente y por su parecido con mi ciudad natal, Medellín. Allí no solo tuve el honor de presentar mi documental, sino que fui invitado a presentar mi libro en el marco de su Festival de Cine. Un tiempo después me invitaron al primer foro internacional Emprendiendo Jóvenes en la Expo Guadalajara, donde me causó curiosidad ver mi rostro en el brochure al lado del entonces procurador de Colombia, Alejandro Ordoñez y del expresidente Álvaro Uribe, quien estaría presente a través de videoconferencia.

El 23 de octubre de 2015 fue un día memorable para mí. La organización Convivencia sin Violencia me invitó como orador al Foro Jóvenes 2015, donde di mi conferencia *Una historia para no repetir* ante 3.500 jóvenes de cien escuelas de Ciudad de México, en el moderno centro de exposiciones Expo Bancomer Santa Fe. Fue muy grata la experiencia de ver a los jóvenes percibiendo con claridad mi mensaje y participando con preguntas, así como una interminable fila para fotos y la firma de mi libro.

En víspera de terminar este libro venía de dar una charla a 1.400 alumnos del colegio Kipling en México. Observé que los estudiantes recibieron bien mi mensaje, pero quedé un poco irritado cuando me comentaron que cuatro familias colombianas cuyos hijos estudiaban en la institución, les prohibieron asistir. Al concluir la charla dije que por favor les compartieran las enseñanzas a los compañeros colombianos cuyos padres actuaron así en nombre del prejuicio.

La excepción tampoco fue El Salvador, a donde fui invitado para la realización de tres eventos por la paz por la Fundación Mujer Legal y aun así personas que se identificaron como pertenecientes al cuerpo diplomático de mi país llamaron a solicitar la cancelación del evento por considerarlo una apología al delito. No se tomaron la molestia de averiguar que mi charla se titulaba “Pablo Escobar, una historia para no repetir”.

Aun así, dos mil alumnos del Instituto General Francisco Menéndez, Inframen, una entidad educativa con muchas ganas de salir adelante pero con una compleja problemática que los estigmatiza con historias de drogas y de violencia, asistieron a mi charla. Me conmovió el aplauso más caluroso y emotivo que he recibido hasta ahora por parte de un público joven. Fue importante para mí conocer de cerca la realidad de un fenómeno que afecta a todo el país: las llamadas 'Maras' o pandillas.

Veintitrés años han transcurrido ya desde la muerte de mi padre y el exilio forzado al que nos sometieron, pero hoy considero que una buena cantidad de países del mundo nos ha dado un nuevo aire; no ha sucedido lo mismo en mi país, donde todavía son mayoría los intolerantes.

Mientras termino de escribir este segundo libro, el país se debate entre la terminación de un conflicto de cinco décadas y la visión de quienes creen que el sometimiento por la vía de la fuerza y la rendición son las únicas salidas para una guerrilla a la que solo le queda el orgullo. En una histórica votación en la que se pretendían refrendar los acuerdos de paz entre el Gobierno del presidente Juan Manuel Santos y la guerrilla de las Farc, el pueblo de Colombia se manifestó en contra de un acuerdo que garantizaría el final de la guerra y de matanzas sistemáticas e ininterrumpidas. Cinco días después, en otro giro inesperado de la realidad, el presidente de la República recibió el reconocimiento como Premio Nobel de la Paz 2016 en un claro respaldo de la comunidad internacional a su decidido esfuerzo para cesar el conflicto.

Cómo es posible que nos sigamos negando la posibilidad de vivir en paz, que sigamos acostumbrados al miedo y le impidamos el paso a la esperanza, al derecho, a la responsabilidad y a la obligación moral cotidiana de vivir en armonía. Lo que se impone es que la tan cacareada unidad nacional sea una realidad y los consensos lleven a buen puerto el barco de la reconciliación.

Yo creo en esa Colombia, porque de a poco la he ido percibiendo y viviendo. Y me refugio en la esperanza y en la buena fe de creer que esos caminos comienzan a abrirse lentamente. La elocuencia de las palabras de las víctimas del horror de mi padre como lo fueron por ejemplo las de Francisco Santos, exvicepresidente de Colombia, quien padeció un escabroso secuestro de 242 días encadenado a una cama en 1991. En una entrevista concedida el 18 de septiembre de 2016 al periodista estadounidense John Otis para la National Public Radio, NPR, Santos reflexionó: "Cuando mataron a Pablo (Marroquín) era un niño de 16 años con una gran carga para llevar por el resto de su vida, una carga de la que él no es responsable. Él quiere seguir adelante. No ves muy seguido ejemplos de eso. Al contrario, ves (a familiares de criminales) justificando esos crímenes y el porqué se hicieron las cosas. Pero él no lo es".